KB105651

직장인의 오춘기
마음을 리셋하라

굿바이 블루
먼데이

직장인의 오춘기
마음을 리셋하라

굿바이 블루 먼데이

글 한종형 · 사진 윤종현

GOODBYE · BLUE · MONDAY

배배 꼬인 직장생활 시원하게 풀기!!

청년
정신

prologue

누구나 행복하게 살고 싶다. 하지만, 많은 사람들은 자신이 무엇을 할 때 행복을 느끼는지조차 잘 알지 못할 뿐 아니라, 찾으려는 노력도 별로 하지 않는다.

가끔 내게 이렇게 묻는 지인이 있다.

"사는 게 재미있어?"

매일 같은 시간에, 같은 공간으로 출근하고, 같은 사람들과, 같은 일을 하는데 과연 매일 매일이 재미있을 수가 있을까?

당연히 재미없다. 그래서 내가 좋아하는 것을 찾아 나가야 한다고 생각한다. 설령 내가 좋아하는 것을 찾았다고 하더라도 영원히 재미있는 것도 아니다. 시점의 차이가 있을 뿐이지 언젠가는 싫증이 나기 마련이다.

그래서 지속적으로 내가 좋아하는 것, 내가 행복해지는 것들을 찾아 다녀야 한다. 거창한 것을 찾으려다 시간을 낭비하는 대신 지금 당장 할 수 있는 것에서부터 찾아보

아야 한다. 때로는 아주 사소한 것에서 행복을 발견할 수 있다. 그래서 행복은 발견하는 것이라고 말하나 보다.

신입사원 시절 아는 얼굴이 아무도 없는 낯선 공간에 혼자 덩그러니 앉아 있었던 시절을 되돌아 보자. 나 이외에 다른 사람들은 저마다 친하게 보이고, 모두들 나를 관찰하고 있는 것 같은 느낌, 그래서 사소한 행동 하나하나가 조심스럽지 않았던가.

옆에 있는 선배들이 업무에 대해서는 알려주지만, 어떻게 행동을 해야 하는지는 아무도 알려 주지 않아 어떻게 해야 할지 모를 때가 너무나 많았었다. 그래서 이 글을 쓰게 되었다. 부족함이 많으나 내가 그동안 회사를 다니면서 경험하고, 쌓인 노하우를 통해 노심초사하는 마음으로 시선을 둘 곳 몰라 하는 후배들에게 작은 불빛이라도 되었으면 하는 바람으로 한 페이지씩 써 내려온 글들이 모여 책으로 엮어졌다.

다시 신입사원 시절로 돌아간다고 가정을 하자면, 내 곁에서 항상 내 편이 되어 주었던 힐링 메이트가 없었다면 단 하루도 버텨내지 못했을 것 같다. 그들과 함께 온갖 어려움과 좌절을 겪고, 고민하고, 극복하고, 서로에게 힘이 되어주면서 한 해 한 해를 건너온 것이 어느새 14년이라는 시간이 흘러갔다. 그리고 앞으로 남은 직장생활도 그들과 함께 웃고, 눈물을 흘리고, 소주잔을 기울이면서 행복하게 만들어 가리라 믿는다.

신입사원으로 시작해 이제 팀장이라는 역할을 맡게 되었다. 앞으로의 회사 생활은 후배로서 선배의 입장과 마음을, 선배로서 후배들의 마음을 이해하며 힘이 되고 용기를 주는 한 사람으로서 계속 함께 걸어가고자 한다.

이 책에는 대단한 혜안이나 거창한 화두가 담겨 있지 않다. 다만 회사 생활을 해오는 동안 느끼고 경험하면서

그 속에서 내 나름 힐링하고 행복을 찾고자 했었던 과정을 통해 후배들이 회사에서 보내는 시간이 좀 더 행복해지는 계기가 되었으면 하는 바람이 담겨 있을 뿐이다. 그래서 그들이 조금은 쉽게 행복을 찾아가는 길을 찾았으면 하는 마음이다. 먼저 걸어오면서 알게 되었던, 작지만 중요한 정보를 통해 그들이 조직에서 사랑받는 사람들이 되었으면 한다.

2016년 2. 한종형

차례

prologue

"하나."
그들이 있어 행복한 월요일

"둘."
선배, 소주 한잔 사주세요

"셋."
나를 행복하게 하는 것들을 위하여

epilogue

"하나"

그들이 있어
행복한 월요일

팀장이 회사다!

몇 년 전, 한 선배는 내게 이렇게 말했다.

"팀장이 회사다, 라고 생각하면서 직장생활을 해라."

선배 자신이 그렇게 실천하며 직장생활을 해왔는지 자신할 수는 없지만 너만은 그렇게 살아보라는 조언이었을 것이다.

선배의 말이 가슴 깊이 와 닿았다. "팀장이 회사다"라는 말은 팀장이 내게 월급을 주는 사람이고, 나에 대한 모든 평판이 매겨지는 출발선이므로 팀장을 사장님처럼 모시고 따르라는 뜻이었다.

주변에서 나에 대해 물어보거나 임원이 나에 대해 물어볼 때 누구를 컨택 포인트로 삼을까? 당연히 팀장이다. 그러니 누군가 팀장에게 "○○씨 어때?" 하고 물었을 때,

그가 나에 대해 좋은 평가를 해 줄 사람으로 만들어야 하는 건 기본적인 일이다. 한마디로 내 편으로 만들어야 한다는 것이다.

하지만 주변에서 만나는 지인들에게 "함께 일하는 팀장은 어때?" 하고 물었을 때, 좋게 말하는 사람을 보기는 어려웠다. 그만큼 팀장과 팀원이 좋은 관계를 맺으며 지내는 게 쉽지 않다는 의미다. 하지만 그 안에서도 좋은 관계를 맺으며 일하는 사람들은 존재하기 마련이다.

그럼, 팀장이 나를 보았을 때 나는 어떤 사람일까? 오늘부터 당장 팀장이 회사다, 라는 마음가짐을 가지고 출근을 해보면 어떨까?

인간은 커뮤니케이션을 할 때 서로의 감정을 느낄 수가 있다. 내가 좋은 감정으로 대하면 그 역시 내가 자신을 긍정적인 마음으로 보고 있다는 것을 곧바로 느낀다. 반대로 그가 긍정적인 마음으로 나를 대하면 나 또한 그 사람의 긍정적인 감정을 느낄 수가 있다. 직장에서의 모든 관계는 이런 케미컬chemical을 주고받으며 유지되는 것이다.

팀장도 감정을 지니고 있는 인간이다. 나를 피하거나 싫어하는 부하직원을 좋아할 리는 없다. 만약 팀장에 대한 나의 감정이 좋지 않다면 오늘부터 팀장에 대한 나의 케미컬^{chemical}을 바꾸어야 한다.

팀장이 회사다. 회사를 그만둘 것이 아니라면 팀장을 내 편으로 만들어야 한다. 이용하려는 마인드가 아니라 그의 편이 되기 위한 노력을 기울여 보자는 것이다.

남자가 여자에게 사랑 표현할 때는 어떻게 하는가. 그녀에게 "당신을 좋아한다"는 자신의 마음을 보여주고, 나를 좋아하게 만들기 위한 행동들만 골라서 하게 된다. 그녀가 싫어하는 행동을 줄이고, 어떻게 하면 잘 보일까, 고민한다. 미운 짓만 골라서 하는 이성에게 관심을 갖지 않을 것은 당연하기 때문이다.

팀장과의 관계에서도 마찬가지다. 팀장과 연애를 시작했다고 생각하고 바로 적용시켜 보자. 팀장이 무엇을 좋아하고, 나에게 기대하는 것은 무엇인지 생각하고 행동하는 것이다.

업무 지시를 받고 보고를 할 때는 나를 표현할 좋은 기회다. 그의 이야기를 주의 깊게 듣고 그가 원하는 것이 무엇인지를 파악하는 데 노력을 기울여 보자. 설령 그가 보는 방향성이 잘못되었다고 생각이 들더라도 그의 관점에서 일을 진행하며, 잘못된 부분에서는 기분이

상하지 않도록 소통을 통해 고쳐나가며 진행한다면 팀장과의 관계는 개선될 것이다.

모든 커뮤니케이션의 시작은 상대의 입장에서 듣는 것이다. 자기계발 서적에서 수도 없이 하는 말이다. 하지만 실제로 그렇게 하는지는 별개의 문제다. 회식을 할 때에도 억지로 참석해 시간을 때우기보다 회식의 주인공이 되어 최대한 즐길 줄 알아야 한다. 취기를 핑계로 그동안 말하기가 좀 껄끄러웠던 부분이 있다면 속 시원하게 풀어버릴 수 있는 좋은 기회이다. 서운한 것이 있었다면 기분이 상하지 않을 정도로 돌려서 이야기하고, 상대의 이야기를 들어보면 그동안의 문제점도 많이 개선이 될 것이다. 다만 회식자리에서 피해야 할 점은 지나치게 솔직하게 이야기한다고 해서 즐거워야 할 자리가 불만을 토로하는 곳이 되어서는 안 된다는 것이다.

팀장과 대화를 나눌 시간을 만들어 보자. 회의실에서 미팅을 하는 것도 좋지만 가능하다면 가까운 카페를 찾아 차를 한잔 마시며 부드러운 분위기에서 대화를 나누는 것이 훨씬 좋을 것이다. 차 한잔, 소주 한잔 사달라고 하는 팀원에게 거절할 팀장은 아무도 없을 것이다. 팀원

의 그런 제안은 팀장에게 나를 좀 도와 달라고 손을 내
미는 것과 같다.

　팀장의 입장에서도 마찬가지다. 팀원의 어려움을 들
어주고 이해하려 노력한다면 팀원과의 사이에 존재하는
많은 문제점 중 상당수는 해소가 될 것이다. 잠깐의 대
화를 통해 해결해 줄 것이 없다고 하더라도 상대의 입장
을 이해하게 된 것만으로도 앞으로 커다란 성과를 만들
어 낼 수 있는 것이다.

　나와 정말 맞지 않는 팀장과 일했던 때가 있었다. 입
만 열면 자기자랑이요, 잘난 척이어서 같이 있으면 짜증
이 났다. 정말 얼굴도 보기 싫었다. 갈수록 관계는 악화
돼 팀장이 요구하는 모든 것이 좋지 않게 보였고, 팀장
또한 내가 하는 모든 일들에 태클을 걸곤 했다. 내가 보
내는, '나는 네가 싫어'라는 시그널이 그에게 정확히 전
달되었고, 거의 같은 케미컬chemical이 나에게 정확히 전
달되고 있었던 것이다.

　그런 식으로 더 이상 계속 지낼 수는 없었다. 나는 그
에게 커피 한잔 함께 하고 싶다고 말했다. 그리고 나
는 내가 처해 있는 힘든 상황을 그에게 설명했다. 팀장

도 자신의 입장을 여과 없이 설명해 주었다. 그 커피 타임으로 그동안의 감정이 눈 녹듯 스러지게 되었다. 그날 이후로 우리는 협력자가 되었다. 나는 팀장을 빛나게 해줄 일들에 열성을 다해 노력을 했고, 팀장도 모든 일에 나를 최우선으로 고려를 해 주었다. 무엇보다 중요한 것은 지속적인 커뮤니케이션을 하게 되었다는 것이다. 어려운 일이 있거나 중요한 건을 앞두고 있을 때 항상 함께 고민하고 해결책을 찾으려 애썼다. 우린 한편이 된 것이다.

그날 이후로 직장생활이 즐거워지기 시작했다. 아침에 출근하는 것이 즐거워지기 시작했다. 일요일 저녁 무렵만 되면 가슴이 답답해지던 증상도 없어졌다. 단순히 일하러 가는 것이 아니라 즐겁게 일하러 가는 것으로 바뀐 것이다. 놀러 가는 것처럼 즐거워진 것이다.

팀장이 싫으면 출근하는 게 지옥으로 들어가는 것처럼 느껴진다. 일도 하기 싫어진다. 하지만 팀장과 마음이 잘 맞으면 출근하는 것도 즐겁고 신나는 것으로 바뀐다.

팀장 역시 의지할 누군가가 필요하다. 고민거리를 얘기할 누군가가 필요한 것이다. 그에게도 답답한 직장생활에서 숨통이 트일 시간이 필요한 것이다.

팀장에게 의지할 가장 편안한 친구가 되어 준다면 내

게도 의지할 든든한 형이 한 명 생기는 것이나 마찬가지다. 다른 사람보다 즐겁고 열정적으로 일하다 보면 연말 평가의 좋은 결과는 보너스로 따라오지 않을까?.

팀장을 버려야 할 때도 있다

　팀장과의 관계가 회사생활에서 많은 부분을 차지하는 것은 사실이다. 하지만 도저히 맞출 수 없는 팀장도 분명히 존재한다. 나름 좋은 관계로 개선하기 위해 최선을 다하는 것은 조직생활을 하는 사람이라면 당연히 취해야 하는 태도지만 무조건 참고 견디라는 것도 재앙과 같은 일이다.

　물론 상사와 정말 잘 맞지 않을 때, "이 또한 지나가리라"하면서 참고 기다리는 방법도 있다. "네가 오래 다니나, 내가 오래 다니나 해보자"고 버티는 경우도 많이 보았다. 정말 그렇게 실현이 되는 경우도 많다. 1년, 2년 후에 상사가 이동을 하거나 자신이 다른 곳으로 가게 되는 경우가 많기 때문이다.

하지만 나는 모든 고통을 감내하면서 버티라고만 하고 싶지는 않다. 직장은 하루 중 가장 많은 시간을 보내는 곳이다. 그 긴 시간을 고통을 견디며 보내는 것은 너무나 힘든 일이다. 이럴 때는 내가 팀장을 바꿔 버리는 것도 하나의 방법이 된다. 팀장을 변화시키라는 말이 아니다. 다른 부서의, 나와 잘 맞는 팀장을 찾아 이동하는 방법도 있다는 뜻이다.

어딘가에는 나와 잘 맞는 상사가 반드시 존재하기 마련이다. 잘 맞지 않는 상사와 일하면서 자신이 무능하다고 자책하지 말고, 잘 맞는 상사를 찾아 변화하면 된다. 도저히 맞지 않는 사람에게 맞추느라 내 속에 암을 키우면서 고통스럽게 살 필요는 없는 것이다.

임원이 된 사람들 중에서 일찍 좋은 상사를 만나 운좋게 잘 풀리는 사람도 많이 보았다. 잘한다, 잘한다는 칭찬을 받으며 더 좋은 성과를 내고 더 성장하는 것이다. 안맞는 상사에게 맞추느라 들이는 노력의 절반이면 잘 맞는 상사로부터 충분히 인정을 받을 수 있다.

안 되는 것을 억지로 하는 대신 과감하게 변화를 도모할 필요가 있다. 1차적으로는 내부에서 부서 이동을 고려해 보고, 만약 그게 잘 안 된다면 회사의 이동도 고려해볼 수 있다.

하지만 여기서 중요한 것은 떠날 때는 멋지게 떠나는 것이 좋다는 것이다. 감정을 드러내 나쁜 감정으로 떠나기보다 자신의 감정을 가라앉혀 좋게 마무리하고 떠나는 게 이기는 것이다. 상사가 싫어서 간다기보다 본인의 커리어 패스를 위해 이동한다고 멋지게 포장하는 것이 필요하다. 경우에 따라서는 과거의 상사를 다시 만날 수도 있다는 것 또한 염두에 두어야 한다. 혹시 다시 만나더라도 어색해지지 않도록 좋게 마무리를 하는 것이 프로의 능력인 것이다.

떠나는 마당이라고 자신의 감정을 속 시원하게 쏟아내, 남은 사람들이라도 편하게 해주고 싶은 영웅 심리가 작동할 수도 있다. 하지만 서로 감정의 골만 깊어질 뿐 그런 상사는 절대 변하지 않는다.

회사 내에서 이동한다면 마주칠 때마다 어색하게 되고 불편할 것이다. 잠깐 속이 시원할지는 모르겠지만 앞으로 오랜 시간 동안 불편함을 감내해야 하는 것이다. 어떻게 마무리를 하는 것이 이기는 것인지 냉정하게 판단할 필요가 있다.

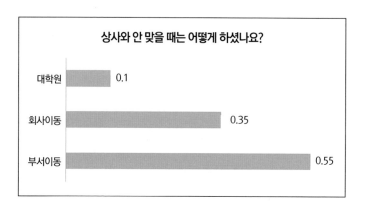

상사와 안 맞을 때는 어떻게 하셨나요?

항목	값
대학원	0.1
회사이동	0.35
부서이동	0.55

 나의 상사는 어떤 사람일까?

　새로운 상사가 왔을 때 빠르게 적응하는 사람이 있고 적응속도가 조금 느린 사람도 있다. 이는 정도의 차이가 있을 뿐 마찬가지다.

　조금 적응이 늦다고 해서 낙담할 필요는 없다. 인간의 지각력은 큰 차이가 없다. 일정 시간이 흐르면 대부분 비슷하게 수렴한다.

　상사의 성향에 따라 다른 리더십을 띠는 경우가 많다. 팀원들은 새로운 상사의 성향을 신속히 파악해 그의 성향에 맞추는 것이 필요한데, 개인적 생각으로는 크게 감성형과 이성형으로 나눌 수 있을 것 같다.

　감성형 상사와 이성형 상사는 어떤 차이가 있을까? 감성형은 상대의 얘기를 많이 들어주고, 평소 관계가 중요하다고 보는 반면 이성형은 관계보다 업무성과에 무게를 두는 성향이 강하다. 물론 이성형이라고 해서 관계를 전혀 고려하지 않는다는 뜻은 아니다. 관계는 성향과 상관없이 따라 다니는 것이다.

이성형 상사일 경우는 성과를 중요하게 여기므로 특히 업무성과에 치중을 해야 한다. 이성형은 아무리 관계가 좋아도 업무 성과가 떨어지면 그 관계도 오래 가지 못한다. 기본적으로 상사가 요구하는 어느 정도의 업무 성과는 만들어 내야 하는 것이다.

가장 중요한 것은 상사의 성향을 신속하게 파악하여 상사의 성향에 맞는 대응을 해야 한다는 것이다. 이성형 상사에게 감성적인 대응은 약효가 별로 없다. 감성에 호소하는 대응으로 에너지를 소모하기보다는 좋은 성과를 얻기 위한 업무에 노력을 기울일 필요가 있다.

감성형 상사는 업무도 중요하지만 관계를 중시하기 때문에 좋은 관계가 형성되면 업무는 좋은 관계를 통해 지속적인 커뮤니케이션으로 원활히 진행되게 된다. 마음에 드는 팀원은 사고를 좀 쳐도 감싸주게 될 것이며, 조금 부족한 점이 있다고 하더라도 가르쳐 주고 개선시켜 주려고 노력할 것이다.

여기에 본인의 성향도 상사의 성향에 잘 맞아야 한다. 본인이 감성형 상사와 좋은 관계를 유지할 수 있는 성격을 갖고 있지 못하다면 좋은 관계를 유지하기가 어렵다. 하지만 감성형 상사에 맞추는 최소한의 노력은 유지하면서 업무 성과를 내야 한다.

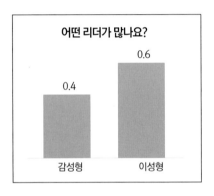

감성형 상사에 맞추는 방법은 그가 좋아하는 것들을 더 하려고 노력하는 것이고, 싫어하는 것들을 줄이면 된다. 감성형 상사와 맞추기 위해서는 대화하는 시간을 늘리고 함께 하는 시간을 많이 하면 자연스럽게 가까워질 수 있다.

회사에서 닮고 싶은 선배 하나를 선정해보자. 많으면 좋겠지만, 집중도가 떨어지기 때문에 한 명 정도면 적당한 것 같다. 그의 일상을 좀 더 자세히 들여다 보자. 그는 어떤 장점을 가지고 있는지, 어떤 배울 점이 있는지, 그리고 그의 행동을 닮으려는 노력을 해보자.

내 눈에 모범적인 선배로 보인다면 상사가 보아도 인정받는 사원일 것이다. 매일 그의 행동을 벤치마킹하고, 선배라면 이런 상황에서 어떻게 대처를 할까, 생각하면서 그의 업무를 대하는 태도를 배우려 노력해보자.

직장생활은 우리가 학창시절에 풀던 수학문제와 같은 모범답안이 없다. 그렇기 때문에 어떻게 해야 정답인지를 짐작할 수가 없다. 인정받는 사원이 되고 싶다면 모범적인 롤 모델을 정하고 그를 닮으려 노력하면 된다. 그의 모습이 모범답안이 되는 것이다.

팀장도 편하지만은 않다

회사에 입사를 하고 연차가 쌓여 후배들이 늘어날수록 직장생활이 좀 더 편해질 줄 알았다. 하지만 선배들도 후배들의 눈치를 봐야 한다는 걸 깨닫고 보니 씁쓸한 생각이 들기도 한다.

팀장만 팀원을 평가하는 게 아니다. 팀원들도 팀장을 평가한다. 팀장이 팀장으로서의 역할에 충실하지 못하거나 올바른 가이드라인을 제대로 제시하지 못하면 팀원들도 잘 따르지 않는다. 형식적으로 예의를 지키긴 하겠지만 적극적으로 업무에 임하지 않는다.

팀장이 직원의 근무 태만만 체크하고 업무지시만 하면 끝이라고 생각한다면 그것은 절대 오산이다. 팀원들은 팀장이 과제에 대해 함께 고민하고 담당자보다 더 넓은 사고로 적절한 가이드를 제시해 주기를 바란다. 과제에 대한 심도 있는 고민 없이 내리는 업무지시는 팀원들이 잘 따르지 않는다.

최근에는 회사에서 제도적으로 상사에 대한 리더십을 평가하는 경우가 많아지고 있다. 상사에 의해 팀원이 평가를 받아왔지만, 상사의 리더십에 대한 팀원의 평가도 인사고과에 큰 영향을 준다는 것이다. 물론 모든 제도에는 장점이 있는 반면에 부작용 또한 발생할 소지가 많은 것도 사실이다. 상사가 부서원의 눈치를 살펴야 할 수도 있기 때문이다. 리더십 평가기간에 상사가 부서원에게 평소와 다른 태도를 보이는 것은 이를 의식한 탓이다. 나역시 연차가 낮을 때는 제도의 변화가 좋게 느껴졌으나 그들과 비슷한 연차가 되고 나니, 부서원의 눈치를 봐야하는 상사의 모습이 서글프게 느껴진다.

다른 한편으로 상사에 대한 부서원의 평가를 맹신해서도 안 될 것이다. 부서원은 상사에 대해 만족할 수 없는 관계에 있는 사람이기 때문이다. 단점을 더 크게 느끼고 전임 상사를 그리워할 수밖에 없는 심리상태를 가진 사람이라는 것이다. 구관이 명관이라고 하지 않는가?

어쨌든 후배들도 선배를 평가하고 있다. 선배가 연차

에 걸맞는 넓은 안목과 시야를 통해 업무에 대한 안내를 해 주기를 바란다. 귀찮은 업무를 후배에게 떠넘기는 식으로 대한다면 후배도 열심히 하지 않는다. 후배들에게는 업무에 성실하게 임하기를 바라면서 정작 본인은 그렇지 못하다면 후배들은 뒤에서 그 선배를 향해 뒷담화를 날릴 게 뻔하다. 한번 후배로부터 신뢰를 잃고 나면 신뢰감을 다시 회복하기는 힘들다.

직장인들은 선, 후배를 막론하고 서로 적당한 긴장감을 갖고 있는 것이 좋다. 팀장뿐 아니라 후배들에게도 좋은 이미지를 유지하기 위해 항상 노력해야 한다. 좋은 이미지는 하나의 요소로 만들어지는 것이 아니라 천 개의 복합적인 요소를 통해 만들어진다는 것을 인지해야 한다.

어떤 리더가 상사로부터 리더십을 인정받고, 팀원들로부터 존경을 받고 잘 따르도록 만드는 것일까? 강한 카리스마를 가진 리더가 팀원들을 벌벌 떨게 하면서 일정에 맞게 업무 진행을 잘하게 하는 것일까? 팀원들과 가족처럼, 친구처럼 함께 협업을 이끌어 내 같은 목적을 향해 함께 달려가는 것일까?

존경받는 리더가 되기 위해서는 함께 일하는 부하직원 혹은 팀원들의 모든 업무를 자신의 업무처럼 철저하게 꿰차고 적절한 가이드를 줄 수 있어야 한다. 더 다양한 정보를 얻어내고 그로 인해 나은 모습을 보여주지 않으면 부하직원이라고 하더라도 존경을 표하지 않는다.

솔선수범하지 않는 리더는 인정받을 수 없다. 담당자 한 명, 한 명이 주는 정보를 최대한 흡수하고 이해도를 높이고, 모르는 것은 질문을 하여 같은 눈높이를 가질 수 있어야 한다. 업무를 주고 난 뒤에는 기한이 되기 전에 수시로 진행상황을 점검해 주어야 한다. 점검 없이 기한이 다 되어 잘못된 방향을 고치려 하면 그동안의 노력이 모두 수포로 돌아가는 경우가 허다하다. 중간에 올바른 방향성을 가져 가고 있는 것인지 지속적으로 점검을 해 주고 본인의 생각을 공유해 주어야 한다.

리더는 말조심을 해야 한다. 다른 사람 앞에서 자리에 없는 사람의 욕을 한다면 내가 없는 자리에서 그들 역시 내 욕을 할 수도 있다는 것을 알아야 한다.

자신의 감정을 있는 그대로 드러내는 것은 좋지 않다. 특정인을 편애하는 모습을 보여주어서도 안 된다. 담배를 피우러 갈 때나 점심시간, 차를 마실 때도 늘 같이 가는 사람이 정해져 있다면 다른 사람들은 상대적인 소외감을 느낄 수 있다. 편한 사람만 대화를 나누기보다는 두루두루 적정한 비율을 갖고 시간을 갖는 것도 필요하다. 대화를 하는 시간을 갖다보면 서로의 의견차도 줄이고, 공감대도 형성이 될 것이다.

업적평가표

개인 인사 고과표	구 분	소 속	성 명	사 번	근 요	담당직무명
	피 고과자					
	1차고과자					
	2차고과자					

개인 목표관리 A

NO	담당 과업	등급	기대 목표 수준	비중 (%)	본인 평가		1 차 평가		
					본인의견	평가	상사의견	평가	확정
1									
2									
3									
4									
5									
6									
7									
8									
9									
10									
				(100)			배점합계		

상사에게 팀 리더는 팀원들을 잘 리드하고, 부지런히 무엇인가를 하고 있다는 안정감을 지속적으로 보여줘야 한다.

수시로 구두로라도 업무의 진행상황을 공유하고, 중간 산출물 공유를 통해 내가 갖고 가는 방향성이 상사가 원하는 방향성과 맞게 가고 있는 것인지 점검을 해야 한다.

상사가 원하는 것이 무엇인지 고민하고, 고민의 결과가 올바른 것인지 팀원들과 공유하여 같은 곳을 보고 같이 달려갈 수 있도록 리드를 해야 한다.

자리에 앉아서 지시만 하는 리더는 존경을 받을 수 없다. 기한과 근태만 체크하는 리더는 팀원들이 리더십이 있다고 평가를 하지 않는다. 솔선수범하는 리더를 따르지 않을 팀원은 없을 것이다.

친화력도 능력

회사의 모든 사람은 나를 평가하고 있다. 신입사원들 조차 선배를 평가한다. 선배가 하는 행동이나, 선배의 업무결과에 대해 평가를 한다. 후배라고 편하게 생각하고, 편하게 행동하면 안 된다는 의미이다. 나의 품위 없는 행동을 보고 뒷담화를 할 수도 있고, 배울 점이 없는 선배로 낙인을 찍을 수도 있다. 직장인의 기본예절에 충실해야 하는 이유가 여기에 있는 것이다.

내가 이렇게 강한 표현을 사용하는 것은 직장 내에서의 모든 행동에 좀 더 신중을 기하고, 솔선수범해야 한다는 의미를 전달하고 싶어서이다. 내 주변을 둘러보자. 나와 친한 사람, 즉 내가 좋아하는 사람은 무슨 짓을 해도 예쁘게 보인다.

반대로 미운 사람은 무슨 짓을 해도 밉게 보인다. 한 마디로 정리하면 좋아하면 평가하는 것 자체가 무의미해진다는 것이다. 좋아하는 사람이 되기가 어려운 것이지 좋아하는 사람이 되고 나면 아주 편해진다.

첫인상이 무엇보다 중요하다. 새로운 부서에 발령을 받거나 새로운 상사가 왔을 때 첫인상은 아주 중요하다. 처음부터 미운 사람으로 찍히지 않으려면 좀 더 노력을 할 필요가 있다. 반대로 좋은 사람으로 인식이 되고 나면 그 이후는 아주 편하게 지낼 수 있다. 상사로부터, 선배로부터, 주변 동료로부터 좋아하는 사람이 되기 위해 노력해야 하는 이유다.

상사나 선배를 어려워하면 상대 또한 어렵게 느낀다. 가까워질 수 없다는 것이다. 의식적으로라도 가깝게 지내려 노력해보아야 한다. 친근하게 굴어 보자는 것이다.

친화력도 능력이다. 업무상의 미팅 외에 점심시간이나 회식시간과 같은 때 가까워지려는 노력을 하다 보면 좋은 결과를 얻는 경우가 많다. 상대가 관심을 가지고 있는 화제를 찾아 대화도 시도해보고, 그런 쪽의 화제거리도 미리 준비해서 대화를 시도해보자. 인간관계도 노력하는 만큼 성과가 나는 것이다.

남자가 마음에 드는 여자의 마음을 얻기 위해서는 어떻게 해야 할까? 그녀가 좋아하는 것을 화제로 대화를 나누고 비슷한 관심사를 가지고 있다는 점을 지속적으로 알려 준다. 자신과 비슷한 관심사를 갖고 있다고 느끼면 호감을 갖게 되는 것이다.

회사에서의 관계도 다르지 않다. 서로 비슷한 관심사를 찾아서 즐겁게 대화를 나누면 가까워지게 마련이다. 좋아하는 상대가 되어 보라는 것이다. 상대의 마음에 들면 함께 하는 시간도 늘어날 것이고, 업무를 좀 더 편안하게 진행할 수 있다. 업무도 결국 관계를 통해서 시작하는 것이기 때문이다.

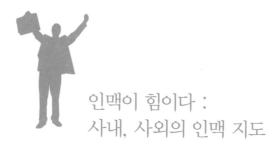

인맥이 힘이다 :
사내, 사외의 인맥 지도

　근무연차가 쌓여간다고 해서 인맥 또한 자동적으로 넓어지는 것은 아니다. 인맥의 중요성은 아무리 강조해도 지나침이 없지만 인맥 지도를 넓히기 위해서는 그만큼의 투자와 노력이 필요하다.

　개인적으로 친밀도를 넓혀야 하는 사람도 필요하지만 적당히 좋은 관계를 지속할 필요가 있는 사람도 있다. 좋은 관계를 유지하기 위해서는 꾸준하게 전화, 메시지, 메신저 등의 매개체를 통해 투자를 해야 한다. 가끔 점심을 함께 먹기도 해야 하고, 때로는 저녁에 술자리도 참석해야 한다.

　업무에서 일간, 주간, 월간, 연간 계획이 필요한 것처럼 인맥 관리에서도 어느 정도 계획이 있어야 한다. 쓸데없

이 낭비되는 시간을 줄이고, 가능한 인맥 관리를 위해 효율적인 시간관리를 해야 하기 때문이다. 즉 가끔 점심을 함께 먹어야 할 사람과 술자리를 해야 할 사람을 나누고 시간 배분을 잘 해야 한다는 의미다.

무엇보다 중요한 것은 인맥관리에 대한 적극적인 태도와 마음가짐이다. 회사에서의 경력이 쌓여가면서 자연스럽게 인맥이 넓어지고 아는 사람이 많아질 것이라는 착각을 하면 안 된다. 인맥도 투자를 하는 만큼 내게 오는 것이다. 그냥 편한 사람하고만 밥을 먹고 술만 마시면 그때는 편하겠지만 그만큼 내 인맥 지도는 협소해지고 있는 것이다.

지금 당장 이번 주에 짬을 내서 만날 사람의 리스트를 만들어 보고, 그들과 점심약속부터 잡아보자. 그들과 한결 가까워진 나를 찾을 수 있을 것이다. 한 주에 두 번 정도는 챙겨야 하는 후배, 선배들과 점심을 먹는 습관을 들여 보자. 그냥 편하게 팀원들과 타성에 젖은 식사를 하는 것보다는 회사 생활에 대한 재미도 커질 것이다.

그렇다고 팀원들과 식사를 하는 것이 좋지 않다는 말이 아니다. 팀원들과 식사를 함께 하는 것은 기본이며 가장 중요하다.

사람들은 먹으며 친해진다는 말이 있다. 그래서 회식을 하는 것이다. 일주일 중 팀원들과 식사하는 시간과 인맥관리를 위해 투자하는 시간의 배분이 필요하다는 것이다. 본인의 팀 분위기에 맞게 주 2회 혹은 주 3회로 외부 식사일정을 짜야 한다.

왜 인맥이 중요하다고 생각하는가? 왜 나는 여기에서 인맥에 대해 강조하고 있을까?

예를 들어 내가 어떤 이벤트에 응모를 했다고 가정을 해보자. 만약 그 회사에 나와 가까운 누군가가 있다면, 그를 통해 담당자를 접촉할 수 있다면 응모에 당첨될 가능성은 훨씬 높아질 것이다. 대부분의 응모는 노력하는 사람의 몫이 되는 경우가 많다 단순 랜덤으로 선발하는 경우에는 어렵지만, 적극성을 보인다면 당첨될 가능성이 올라가는 것은 당연한 일이다. 이런 이벤트 응모에서 남의 일로 생각하는 사람과 담당자에게 메일을 보내 본다거나 좀 더 성의 있는 리플을 통해 적극성을 보이는 사람 중에서 당신이 선택할 수 있다면 누구를 택할 것인가? 그런 이벤트도 잘 되는 사람이 더 자주 당첨되는 것이다.

이벤트 당첨 외에도 인맥을 통해 어려운 과제를 쉽게

풀어가는 경우는 허다하다. 한국 사회는 인맥이 무척 중요한 수단으로 작용한다.

사내뿐 아니라 사외에도 지속적인 인맥을 만들어 가는 데 투자를 해야 한다. 우리 회사를 떠나 다른 회사로 떠난 사람이 있다면 가끔 전화 통화를 해보는 것도 필요하다. 그리고 가끔 중간쯤에서 만나 점심을 먹는 것도 좋다. 한 달에 두 번은 사외 인맥과 식사 일정을 잡아보자. 그리고 새로운 사람을 만날 수 있는 자리가 있을 때 피하기보다는 적극적으로 찾아다닐 필요가 있다.

비슷한 업종에 치우친 인맥보다는 나와 완전히 다른 업을 갖고 있는 사람도 알아둘 필요가 있다. 지금은 생각하지도 못한 일

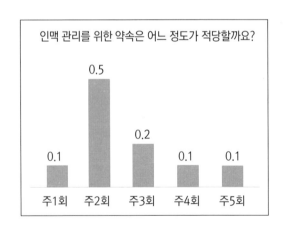

인맥 관리를 위한 약속은 어느 정도가 적당할까요?

주1회 0.1
주2회 0.5
주3회 0.2
주4회 0.1
주5회 0.1

로 그 사람의 도움을 받게 될 일이 생길지도 모른다. 이처럼 인맥은 투자하고 노력하는 만큼 넓어지는 것임을 명심해야 한다. 당장 이번 주 점심 약속부터 잡도록 해보자.

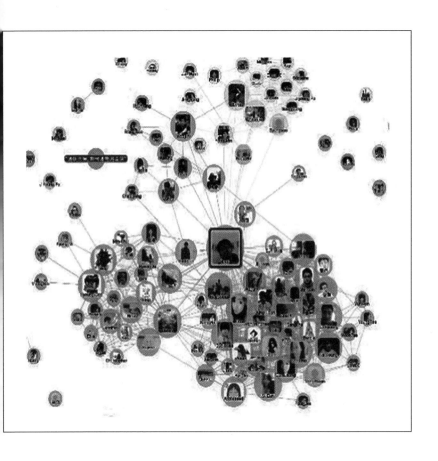

사내에 적을 만들지 말라, 절대로!

　어디를 가든지 마음이 잘 맞지 않는다고 생각되는 사람은 늘 있기 마련이다. 처음부터 인상이 마음에 들지 않는 사람도 있고, 별다른 일도 아닌데 시비를 건다고 생각되는 사람도 있다. 직장도 그렇다. 어쨌든 직장은 사람과 함께 하는 곳이고, 그래서 마음에 드는 사람, 혹은 들지 않는 사람도 생겨나기 마련이다.

　사교적인 자리에선 마음에 들지 않는 사람을 피하면 그만이다. 하지만 직장은 그렇지 않다. 원하든 원하지 않든 계속해서 얼굴을 마주할 수밖에 없다. 미운 사람을 만들지 않으려는 노력을 해야 하는 이유이다.

　미움을 넘어 직장에선 절대 적을 만들지 말아야 한다. 설령 후배라고 해도 그를 적으로 돌려서는 안 된다. 미래의 세상은 알 수 없고 언제 그가 나의 가장 큰 적으로 나타나게 될지도 모르는 일이다. 마음에 들지 않는 부분이 있다고 하더라도 길게 끌거나, 누가 봐도 저 사람들은 좋지 않은 사이라는 티를 낼 정도로 악화시키면 안 된다. 일부러 피하거나 뒤에서 욕을 하면 언젠가는 그 사람의 귀에 들어가게 마련이다. 그런 사람일수록 좀 더 친근하게 대할 필요가 있다.

적을 만들지 않는 다는 것, 어렵지 않다. 그냥 가끔 얼굴을 마주하면 말도 걸어주고 함께 있을 때 티가 나지 않게 행동하기만 하면 된다. 서로 완벽한 적대감을 가져서 좋을 일은 단 하나도 없다. 세상에서 완전히 이상한 사람은 없다고 나는 생각한다. 다만 그때 그런 상황에서 서로 어긋났을 뿐이다. 서로의 입장을 이해하려고 노력을 하다 보면 사실 아무 일도 아닌 경우가 많다.

좀 더 이성적으로 생각해보면 내가 싫어하는 사람에게도 친한 사람이 존재한다. 그와 친한 사람들에게 그를 나쁘게 말하면 그는 오히려 나를 나쁜 사람으로 인식하게 될 것이다. 한 사람을 적으로 만들면 여러 사람으로부터 미움을 받게 되는 것이다. 중요한 의사 결정을 앞두고 주변에 나의 평판을 물어볼 때 만약 그 사람 중 한 사람이 말을 할 기회를 갖게 된다면 나에겐 낭패가 될 것이다.

만약 지금 마음에 들지 않는 사람이 있다면 말을 한 번 걸어 보자. 그리고 좀 더 다가가려는 노력을 해보자. 억지로, 싫은데 친하게 지내는 척하면서 스트레스를 받을 필요는 없지만 최소한 적이라고 인식되지 않을 정도의 친근감은 유지할 필요가 있다. 담배를 피우러 갈 때 따라가서 대화를 시도하는 것도 좋고, 잠깐 커피를 한잔 하는 것도 좋다. 한 번만 하고 나면 그동안의 어색함은 봄볕에 눈이 녹듯이 사라진다. 절대로 어렵지 않다. 어색한 동료를 내편으로 만드는 일, 직장에서 성공하는 첫걸음이다.

채용은 학벌, 임원은 로열티

대한민국은 학벌로 움직이는 나라라는 비판이 많다. 맞는 말이라는 생각이 든다. 하다못해 결혼을 할 때도 학벌이 중요한 요소라는 조사를 보면서 씁쓸한 마음이 들기도 했다. 가령 내가 만약 서울 상위권 대학을 나왔다면, 상대도 비슷한 정도의 학벌을 가진 사람이어야 한다고 생각을 한다는 것. 슬프지만 평생을 함께 사랑해야 할 상대를 소개받으면서 상대가 어느 학교를 졸업했으며, 어떤 일을 하는지부터 물으며 약속 장소에 나간다면 어떤 생각이 들까?

회사에서 직원을 채용을 할 때도 많이 다르지는 않다. 서류심사에서 걸러내는 가장 중요한 요소가 출신학교다. 필요한 인력의 전문성 있는 경력이나 수상 경력이 있다면 당연히 가산점으로 작용하겠지만, 비슷한 스펙을 가진 사람이라면 학력은 중요한 평가 잣대 중 하나가 될 수밖에 없다.

사실 거부할 명분이 별로 없다. 이것이 우리나라에만 존재하는 나쁜 문화라고도 생각하지 않는다. 미국이나 일본의 경우, 학력에 대한 장벽이 우리나라보다 훨씬 심하다는 말도 들었다.

기업에서 입사를 지원하는 수많은 사람들 중에서 개인을 평가하기 위한 하나의 잣대로 학벌을 사용하고 있고, 그러다 보니 학벌이 중요하다는 잘못된 인식이 확산되고 있다는 생각이 든다. 현실에서 이것은 하나의 벽이다.

회사에 필요한 사람을 선발하는 사람의 입장에서 생각해보면 이 사람이 앞으로 우리 회사를 위해 열심히 할 사람인지, 그렇지 않은지를 판단하기가 어렵다. 그러니 서류 한 장에 드러나는 학벌, 토익 점수와 스펙으로 지원자들을 줄 세우고 선발하게 된다.

하지만 회사의 고위직으로 올라가는 문제에서는 좀 다르다. 직장생활을 하다 보면 '저 사람은 어떻게 임원이 되었을까?' 하고 생각이 드는 사람이 있다. 대단한 인사이트^{Insight}가 있어서 사업부를 리드하는 사람도 아닌 것 같고, 학벌이 뛰어나지도 않다.

하지만 그에 대한 최고의 평가가 있다. 바로 회사에 대한 충성도$^{(Loyalty)}$다. 임원이 되기 위해서는 반드시 갖추어야 하는 하나의 요소가 바로 로열티다.

신입사원으로 채용돼 계속 근무하는 사람들도 있지만 외부 인력에 대한 개방을 통해 경력사원으로 다양한 채널을 통해 입사하는 사람들도 많아졌다. 이직을 통해 비슷한 경력의 기존 사원보다 더 높은 연봉, 더 높은 직급에서 일하는 사람들이 허다하다. 경우에 따라서는 더 좋은 경력을 가진 나보다 나이가 어린 상사를 경험하게 될 수도 있다.

그렇다면 이제 나는 어떤 커리어 패스를 가져갈 것인가?

회사의 임원들을 보라. 임원들 중에서 경력사원 출신으로 성공한 사람은 많지 않다. 그나마 출세한 경력자들은 기존 사원만큼 강한 로열티를 인정받았을 것이다. 정말 대단한 사람들이다. 그들이 로열티를 인정받기 위해서는 오랜 시간과 노력이 필요하다. 경력사원으로 임원이 되기 위해서는 더 많은 노력이 필요했을 것이다.

로열티를 평가할 때 중요한 것이 '평판조회$^{(reference}$ $^{check)}$'다. 이 사람이 회사를 배신할 사람인지, 절대 배신할 우려가 없는 사람인지를 확인하는 것이다. 로열티가 높은 사람인지, 로열티는 없고 야심으로만 가득 찬 사람인지를 평판조회를 통해 점검하는 것이다.

상사의 평가 기록도 중요한 지표가 될 수 있으나 그것이 전부는 아니라는 것을 명심해야 한다. 동료나 주변인에 대한 평판조회에서 좋은 평가를 받는 사람이 되어야 하는 것이다.

직장에는 상사가 있을 때만 열심히 하는 척하고 상사가 부재 중에는 대충하는 여우같은 동료들도 존재한다. 하지만 이것은 자기가 똑똑하다고 착각하는 멍청이가 하는 행동이다.

주변 동료들도 항상 본인을 평가하고 있다는 것을 명심해야 한다. 임원이 되고자 하는 꿈을 가진 사람이라면 그런 작은 부분도 세심하게 고려를 해야 하는 것이다.

우리나라 기업에서 로열티는 매우 중요한 요소다. 당장의 실적을 보여주지는 못하더라도 조직원으로서 주어진 역할에 최선을 다하는 모습이 좋은 평가를 받는다. 다른 조직에서 좋은 조건을 제시한다고 하더라도 쉽게 이직을 하지 않는 사람, 조직에 위기가 오면 기꺼이 자신을 던져 조직을 지켜내고자 하는 사람을 회사는 원한다.

로열티라는 것은 눈으로 보이지 않는다. 그렇다면 상사는 그걸 어떻게 알 수 있을까? 상사의 눈에는 신기하게도 부하직원들의 로열티가 보인다. 회사에 뼈를 묻을 사람인지, 적당히 일하면서 돈을 버는 직장으로 생각하는지 훤히 보인다. 지금 당장 일하는 데 큰 성과 차이가 없기 때문에 말을 하지 않을 뿐이지, 회사가 어려워져 가려내야 하는 때가 되면 분명하게 우열을 가릴 수 있다. 고용이 불안한 회사라면 더욱 긴장감을 갖고 로열티를 어필하려 노력해야 하는 이유이다.

연말에 좋은 평가를 받고 싶다면 자기 업무에 목숨을 걸고 있다는 것을 지속적으로 보여주는 직원이 되어야 한다. 좋은 평가는 한 팀에 상위 20% 이내에만 주어진다. 일단 마음만 고쳐먹으면 된다. 뼈를 묻는 척하는 것이 아니라 뼈를 묻겠다는 마음가짐으로 무장해야 한다는 것이다. 피곤에 찌들어 가슴속에 불만을 가득 품고 마지못해 출근하는, 직장생활을 대하는 태도부터 바꾸어야 한다. 상사가 요구하기 전에 먼저 업무 진행상황을 보고하고 피드백Feed-back을 받아 신속히 업무처리를 하는, 능동적인 자세를 취해야 한다.

갑자기 변한 모습을 주변 사람들에게 보이는 걸 부끄러워할 필요가 없다. 사람은 원래 천천히 변화하는 것이 아니라 어떤 계기로 인해 갑자기 변한다. 주어진 역할에 대한 신뢰감을 심어 줄 수 있어야 한다. 믿고 맡기면 어떻게든 해낸다는 믿음을 심어 주어야 하는 것이다.

오랜 시간을 필요로 하지 않는다. 지금부터 내가 변하면 나를 보는 시선이 달라질 것이다. 주변에서 그동안 몰랐던 나의 유능함과 가능성을 인정할 것이다. 가장 중요한 것은 수동적으로 상사가 불렀을 때 가서 진행상황을 보고하는 것이 아니라 부르기 전에 먼저 가서 준비된 정보를 가지고 어필하라는 것이다. 갑자기 불려가서 업무보고를 진행하다 보면 준비가 덜 되어 커뮤니케이션 하는 데 어려움이 생길 것이고, 이로 인해 준비가 덜 된 것처럼 보일 수 있다. 부르기 전에 미리 준비해서 보고를 하는 것이 정답이다.

구관이 명관

구관이 명관이라는 말이 있다. 항상 지금의 상사보다
는 예전 상사가 좋다는 말이다. 그건 전의 상사가 잘해
서 그렇다기보다 현재 상사의 나쁜 점과 비교해서 과거
의 상사가 좋았다는 의미일 것이다. 모든 사람은 언제나
구관이 명관이라고 생각한다. 하지만 만약 구관이 다시
돌아온다면 만족할 수 있을까? 상사에게 만족하는 경우
는 결코 쉽지 않을 것이다.

모든 사람은 현재에 만족을 하기 어렵다. 지금 여기서
는 빛을 보지 못하지만 새로운 곳에 가면 잘 할 수 있을
것이라고 생각한다. 사실 잘 안 되는 곳에서 계속 잘 하
려고 노력하기보다는 새로운 곳에서 도전하는 것이 좋
은 결과를 낳는 경우도 많다. 지금 일하는 부서가 잘 맞

지 않지만 잘 맞는 곳이 존재할 수도 있다.

하지만 마인드 컨트롤이 필요하다. 여기서는 대충하면서 "새로운 곳에 가면 잘 해야지"라고 생각하지만 과연 잘 할 수 있을까? 정말 변화하고, 성공하고 싶다면 지금부터 변해야 한다.

새로운 부서에 가면 남들보다 일찍 출근하고 열심히 하려고 생각한다면, 옮기기 전 지금부터 잘 해야 그때도 가능하다. 지금 당장 평소보다 일찍 일어나고, 좀 더 일찍 출근하려고 노력해야 한다.

지금 다른 부서로 가고자 하는 것이 단순히 현실을 피하고 싶은 것인지 아니면 진정 새로운 업무에 대한 도전인지를 잘 파악해야 한다. 어려움이 닥칠 때마다 현재의 상황을 피해 새로운 곳으로 갔으면 하는 습관적 이동자가 되어서는 안 된다.

새해부터 잘 하겠다는 것은 현실성이 떨어지는 계획이다. 새로운 곳에 가서 잘 하려는 노력의 절반, 아니 30%만 지금 당장 시작한다면 현재의 부서에서 더 좋은 결과를 낳을 수 있는 것은 아닌지 잘 고민해봐야 한다. 새로운 곳에 가면 다시 원점에서 출발해야 한다는 것을 명심해야 한다.

지금 부서에서는 최소한 원점은 아닐 것이다. 미래에 자신을 바꿔 잘 하겠다는 생각은 버리고, 지금 당장 변화하면 나는 성공할 수 있다고 생각한다.

긍정적 마인드 전환을 통해 지금 부서에서 현재보다 발전된 모습을 만들어 보자. 충분히 가능하다. 때로는 기적을 만들어낼 수 있다. 기적은 가만히 있음에도 내 앞에 뚝 떨어지는 것이 아니다. 내가 이루려고 최선을 다해 노력할 때 내 앞에 펼쳐질 수 있는 것이다. 나중에 잘 하겠다고 미루지 말고, 지금 당장 최선을 다해야 한다.

 부서 이동도 해답

한 부서에서 계속 일하면서 그 분야의 전문가로 인정받아 성공하는 경우도 많다. 하지만 다양한 경험을 통해 시야를 넓히는 것도 아주 중요하다고 생각한다. 물론 너무 자주 부서를 옮기는 것은 좋지 못하지만 10년 동안 세 군데 정도는 경험을 해보는 것도 좋지 않을까 생각한다.

요즘은 입사할 때 일하고 싶은 부서를 지원하고 선발되는 추세이다. 하지만 일을 하다 보면 경험을 해보고 싶은 부서가 생기기 마련이다. 부서를 옮기게 되면 당분간은 동료로부터 다시 일을 배워야 하고 여러 가지 불편한 것들이 많을 수도 있지만 새로운 부서에서 적응하는 시간은 보통 3개월이면 충분하다. 새로운 곳에서 경험을 쌓게 되는 만큼 시야는 넓어지게 마련이다.

막연하게 현재의 부서가 싫어서 어디든 옮기고 싶다는 생각이라면 좀 다른 문제다. 본인이 가고 싶은 부서에 대한 명확한 이유가 있어야 한다. 현 부서 관리자를 설득하기 위해서는 이동에 대한 명확한 명제도 필요하다. 내가 왜 여기를 떠나 다른 부서로 옮겨야 하는지 설득력 있는 이유가 있어야 하는 것이다. 나와는 맞지 않으니 어디든 보내달라고 하는 정도의 이유만 가지고는 자신에게 알맞은 부서를 찾기 어렵다.

부서를 옮기기 전에 충분히 심사숙고를 해야 한다. 장기적인 커리어 패스에 필요한 경험을 찾아 철저한 사전 준비를 하고 이동을 고려해야 한다.

이동할 시점에 대한 명확한 목표도 필요하다. 많은 사람들이 자리를 옮기는 인사이동 시점이 가장 유리한 시점이다. 1월 1일자 이동을 목표로 한다면 한 달 전부터는 작업을 시작해야 한다. 가장 먼저 해야 할 것은 현 부서의 팀장과 면담을 진행하는 것이다. 부서 이동에 대한 본인의 의사를 명확히 할 필요가 있으며, 현 업무를 대체할 인력 물색을 준비하도록 부탁을 해야 한다.

부서 이동에 있어서는 팀장의 역할이 가장 크다. 팀장

이 도와주지 않으면 이동은 거의 불가능하다고 볼 수 있다. 만약 이동에 대해 반대의사를 표명한다면 어떻게 하든 설득을 시켜야 한다. 내가 원하는 곳으로 이동을 할 수 있도록 팀장이 나의 협력자가 될 수 있도록 만들어야 한다.

일단 도와주겠다는 약속을 받으면 중간 역할을 하도록 지속적으로 의지를 보여 주어야 한다. 다음 단계는 가고자 하는 부서의 팀장과 컨택을 시도하는 것이다. 자신이 가진 인맥을 최대한 활용해 아는 분이 있다면 추천을 부탁할 필요도 있다.

일단 가고 싶은 부서의 팀장과 면담이 결정되면 자신의 포부와 목표에 대한 사전준비를 충분히 해서 만나야 한다. 이동 부서에서 현 부서에 인사이동에 대한 요청을 진행하고 양쪽 팀의 팀장이 만나 이동에 대한 승인이 나면 이동이 가능해지는 것이다. 부서 팀장이 사업부 임원에게 보고를 올리고 승인을 받기 때문에 팀장의 역할이 아주 중요하다.

인사이동은 발령이 나는 순간까지 알 수가 없다. 다른 변수로 인해 이동이 취소되기도 하고 갑작스럽게 이동이 추진되기도 한다는 점을 명심해야 한다. 인사팀 이동 담당자를 통해 변화 상황을 지속적으로 파악하며 전개되는 변수에 대한 대응을 해 나가야 한다. 다 된 것으로 생각해서, 넋을 놓고 기다리다가 발령 당일에 실망하는 경우를 수도 없이 보았다.

발령이 순조롭게 진행되면 인수인계를 잘 해서 마지막까지 좋은 인상을 남겨야 한다. 한 회사에서 근무하다 보면 앞으로 언제 다시 만나게 될지 모른다. 마지막까지 책임감 있는 이미지를 심어주고 떠나야 한다.

특히 내가 어떤 면에 강점을 갖고 있는지, 어떤 일을 하고 싶은지 잘 모르겠다면 한 부서에서만 근무하기보다는 다양한 경험을 해볼 필요가 있다고 생각한다. 다양한 경험을 하다 보면 나에게 맞는 업무와 역할을 찾게 될 것이다. 명확한 목표를 세우고 그 곳을 향해 계속 달려가는 사람도 있지만, 다양한 경험을 통해 본인에게 가장 맞는 것을 찾아가는 것도 좋다. 일을 하다 보면 본인 생각과 현실이 다를 수도 있고, 중간에 생각이 바뀔 수도 있기 때문이다.

한 부서에 발령이 나면 이곳에서 뼈를 묻겠다는 생각은 옳지 않은 것 같다. 내가 어떤 일을 할 때 가장 행복한지, 어떤 면에 강점을 갖고 있는지는 생각만으로 알 수 있는 것이 아니다. 경험을 해보아야 비로소 알 수 있는 것이다. 나는 현재 부서에서 두각을 나타내고 있지 못하는 후배에게 타사로 이동을 고려하기 이전에 사내 이동을 먼저 고려해보라고 추천하곤 한다.

다른 회사로 이동하는 것은 더 많은 위험 요소를 갖고 있으므로 더욱 신중을 기해야 한다. 일단 내부 이동을 통해 본인의 특성에 맞는 일을 찾아본 후에 고려해도 늦지 않다. 철저한 준비 없이 타사로 이동했다가 후회를 하는 사람들을 많이 보았다. 다른 경험을 쌓는 것은 좋다. 하지만 회사 이동은 정말 신중히 고려해야 할 문제이다.

혀로 망하는 사람,
혀로 흥하는 사람

직장생활에서 혀로 망하는 사람이 있고, 혀로 흥하는 사람도 있다. 연차가 낮을 때는 말실수를 좀 해도 주변에서 이해를 하고 넘기는 경우가 많다. 그래서 말의 중요성을 간과하기 쉽다. 나이가 들어갈수록, 직장에서 연차가 늘어갈수록 혀를 잘 사용해야 한다는 걸 알게 되고, 나이가 많아질수록 말의 중요성을 실감하지만 조심하는 게 쉽지는 않은 것 같다.

그럼에도 늘 유의해야 하는 것이 말이다. 말 몇 마디로 그동안 쌓인 앙금이 완전히 사라지기도 하고, 말실수 하나로 원수가 되기도 하기 때문이다.

나도 상사로부터 크게 야단을 맞았던 적이 있었다. 개인적으로는 절차상의 이유가 있었으나, 그분은 그런 상황을 잘 모르시는 상황에서 나에게 크게 호통을 치셨다. 일단 상사의 질책이다 보니 이것저것 따져 이야기를 할 수가 없는 상황이라 무조건 사죄를 했었다. 하지만 그 상사는 나의 사과를 받아 주지 않았다. 지금도 잘 이해가 가지 않는 낯 뜨거운 상황이다.

그때 그 상황을 모두 지켜보던 한 선배가 있었다. 그분은 나의 상처 입은 마음을 쓰다듬어 주면서 이렇게 말했다.

"너는 잘못한 것이 없어. 다만 그때 상황이 그런 것이니 이해해. 저 사람이 앞으로 회사에 얼마나 더 다니겠냐. 소나기가 내릴 때는 조금 피하고 있어라. 소나기는 지나가기 마련이다. 저 사람이 안 키워주면 넌 내가 키워주겠다. 상처받지 말아라."

퇴사를 해야 하나 고민까지 하고 있었던 나는 그 선배의 몇 마디 위로를 통해 그 난감한 상황을 이겨낼 수 있었다. 어려운 상황에서 그 선배의 한마디는 정말 힘이 되었고, 그의 팬이 되어 버렸다. 그분이 앞으로 나를 얼마나 챙겨 줄지는 의문이지만 그 선배가 들려 준 따뜻한 위로만은 잊지 못할 것이다. 직장생활에서는 혀 하나로 흥할 수도 망할 수도 있음을 명심하고 항상 주의를 기울여야 하는 이유이다.

직장 동료와 가족은 엄연히 다르다. 가족은 설령 내가 조금 실수를 한다고 하더라도 금방 잊고 이해를 해 준다. 내가 어떤 상황이 되어도 내 옆에서 나를 지켜 줄 사람들이다. 그래서 핏줄인 것이다.

하지만 직장 동료와의 관계에서는 보다 신중한 태도가 필요하다. 때로는 말을 하고 나서 후회를 할 때가 있다. 좋은 말은 얼마든지 많이 해도 상관없지만, 그렇지 않은 말은 좀 더 신중히 해야 할 이유이다.

싫은 소리를 하고 나면 당분간 서로 어색해지고 껄끄러울 때가 많다. 10년 넘게 직장생활을 해보니 싫은 소리를 하고 나서 후회하기보다는 잠깐 참아서 속 쓰린 것이 훨씬 나았다.

그럼에도 불구하고 선배로서 후배에게 해야 할 말이 있다면 하는 편이 낫다. 다만 사람 많은 자리에서 난처하게 대화하기보다는 외부의 카페와 같은 곳에서 심리적인 안정감을 가지고 유도하는 것이 좋을 것 같다.

대화를 시작할 때는 처음부터 진지한 대화를 시작하기보다 일상적인 대화를 통해 긴장감을 좀 누그러뜨린 이후에 시작하는 것이 좋을 것 같다. 처음에는 후배의 입장에서 이야기를 쭉 한번 들어주는 것이 좋다. 후배의 이야기를 다 듣고 나서 후배의 입장을 고려해서 대화를 시작하되 가장 중요한 것은 질책보다는 앞으로 긍정적인 관계를 위해 발전적인 방향으로 대화를 이끌어가야 한다는 것이다.

내 경우에는 관계가 좋지 않은 후배와 이런 시간을 통해 아주 친한 관계로 개선된 적도 많다. 대화는 이것으로 끝이 아니라 이번을 계기로 앞으로도 자주 소통을 통해 서로의 입장과 생각을 공유하는 것이 좋을 것이다. 첫 단추만 잘 끼우면 앞으로의 관계는 지속적으로 발전적인 대화를 통해 만들어 가면 된다.

선배와의 관계가 불편한 후배라면 이런 불편한 상태로 지속하기보다는 후배가 먼저 선배에게 대화를 시도하는 것도 좋은 방법이 될 것이다. 퇴근 후 소주 한잔 사 달라고 하는 것도 좋을 것이고, 그것이 어렵다면 커피 한잔 하면서 선배의 입장을 다 듣고 후배의 입장도 전달하면서 서로 긍정적인 결과를 만들어 간다면 지금의 어색함이 오래가지는 않을 것이다.

직장생활의 90%는 관계로부터 풀어진다. "Attitude is

everything."이라고 말하는 사람도 많이 보았다. 서로의 입장을 이해하려는 오픈 마인드와 지속적인 소통만 있으면 된다. 일을 잘 하는 사람은 상사와 소통을 많이 하기 때문에 상사가 원하는 것을 잘 알고 있다. 그래서 더 시간을 벌 수 있는 것이고 그래서 일을 잘 한다는 소리를 듣는다. 결과적으로 차이는 소통에서 나오는 것이다.

팀원이나 후배를 질책할 때는 공개적인 미팅에서 하는 것보다 개인적으로 따로 불러 하는 것이 좋다. 설령 신입사원이라 할지라도 사람들 앞에서 자존심을 상하게 하는 것은 좋지 않다.

팀장에게 질책을 받을 때도 적당한 선을 잘 지켜야 한다. 질책성 언어에 감정이 치우쳐 똑같이 감정적으로 대응을 하면 데미지damage는 누가 더 크게 받을까? 속에서 하고 싶은 말이 욱하고 올라올 때 이 말을 하는 것이 나에게 과연 이익이 되는 것인지, 손해가 되는 것인지를 한 번 더 생각해 볼 필요가 있다고 생각한다.

이익이 될 것도 없는데 굳이 하고 싶은 말을 속 시원하게 했을 때 나중에 돌아올 파장을 생각해야 하는 것이다. 다시 관계를 회복하는 데 얼마나 많은 시간을 투자해야 할지 생각해봐야 한다.

'팀장은 왜 나한테만 이러지? 내가 만만해 보이나?' 하는 생각이 들 수도 있다. 하지만 대부분의 경우에 팀원들은 비슷한 대우를 받으며 팀장과 일을 하고 있다.

나만 유별나게 대우받는 것은 없다. 팀장의 질책에 무조건 조용히 듣기만 하라는 것은 아니다. 서로 발전적인 관점에서 본인의 입장을 이해시킬 필요가 있다. 팀장의 감정을 상하게 하지 않는 선에서 적정하게 대응을 해야 하는 것이다.

그냥 팀장의 질책만 듣고 온다면 그 미팅은 의미가 없다. 팀장에게 바라는 것을 이야기하고 도와주기를 정중히 요청해야 한다. 그런 일대일 미팅을 통해 나의 편으로 만들어야 하는 것이다.

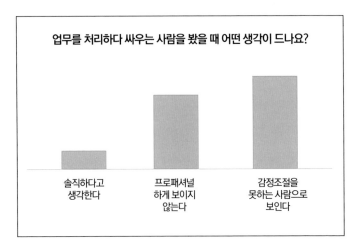

화는 입으로부터 나온다

회사에서는 입이 무거워야 한다. 일도 잘 하고, 성실함에도 입이 가벼워서 좋은 성과를 까먹는 사람들을 자주 본다.

회사에서는 인맥이 거미줄처럼 촘촘히 연결되어 있기 때문에 한 다리만 건너면 내가 한 말이 금방 상대에게 전해지기도 한다. 정말 입이 무거워 보이는 사람도 본인의 의도와 상관없이 말이 잘못 전달돼 입장이 난처하게 되는 경우가 허다하다. 내 입장에서만 생각하고 말을 하게 되면 다른 관점을 갖고 있는 사람에게는 반감을 불러일으킬 수 있는 상황이 될 수 있는 것이다.

구내식당에서 혹은 인근 식당에서 어떤 사람에 대해 이야기를 하고 있을 때 갑자기 그 사람이 나타나는 경험을 해봤을 것이다. 호랑이도 제 말을 하면 온다고 하지 않던가. 회사 인근에서 뒷담화를 하는 것은 정말 어리석은 행동일 수 있다. 회사 주변에서는 상대가 들어서 기분이 나쁠 수 있는 말은 절대로 하지 않는 것이 좋다. 설령 오해를 불러일으킬 수 있는 말조차 조심해야 한다. 설령 그 사람이 없다고 하더라도 그 사람을 아는 어떤 누군가가 그 사람에 대한 말을 듣고 전달할 수도 있다는 것을 명심해야 한다. 회사 동료를 항상 의심하고 말을 조심하라는 것은 절대 아니다.

동료는 서로 신뢰하고 존중할 때 좋은 관계가 형성되는 것이다. 내가 전달하고자 하는 메시지는 직장이라는 특성상 가족, 친구와 다르기 때문에 하고 싶은 말을 좀 더 참는 것이 나중에는 더 좋은 결과를 만들게 되더라는 것이다.

직장에서는 맘에 들지 않는 사람이 있을 때 서로 함께 뒷담화를 하면서 동지의식이 생겨 가까워지는 특성을 갖고 있다. 서로 비슷한 생각을 확인하고 서로 동지라는 생각을 가지며 심리적은 안정을 찾고자 하는 생각 때문일 것이다. 하지만 지나치게 불평불만이 많아서 모든 사람들에 대해 불만을 토로하게 되면 이 사람이 나중에 내가 없는 자리에서도 나를 욕할 수도 있겠구나, 하는 의심을 살 수도 있다.

동료들 간에는 가능한 긍정적인 메시지를 서로 주고받는 것이 좋다. 불평불만만 털어놓는 사람보다 매사에 긍정적이고 밝은 사람과 함께 할 때 심리적 편안함을 갖는 것은 당연한 것이다. 다른 사람의 뒷담화를 하는 사람과 함께 할 때 그 사람 편을 드는 것은 반감을 살 수 있으므로, 그 사람과 같은 곳에 서서 동조를 해주는 것은 어느 정도 필요하다. 뒷담화를 하는 사람도 문제의 해결을 기대하고 말하기보다는 동조를 바라고 하는 것이다. 적당한 동조를 통해 그 사람에게 심적 안정과 위안을 주는 것은 동료의 의무이기도 하다. 다만 지나치게 나의 감정을 드러내는 말을 하게 되면 한동안 찜찜한 생각이 들 뿐 아니라, 상대와 더 나쁜 관계가 형성될 수도 있다.

어쨌든 직장 동료들에게 지나치게 자신의 감정을 드러내는 것은 좋지 않다. 정말 맘에 안 들어도 적당히 숨기는 것이 필요하고, 정말 맘에 들어도 적정선을 유지하는 것이 좋다. 항상 좋은 관계만 지속되는 것은 아니기 때문이다.

임원들 중에는 입이 무거운 것으로 인정받는 사람도 있고, 반대의 경우도 허다하다. 하지만 술자리에서 다른 임원의 이야기를 안주거리로 삼는 사람은 오래가지 못하는 경우가 많다. 어떤 경로를 통해 그 사람에게 이야기가 전달될 수 있기 때문이다.

연차가 늘어날수록, 직위가 올라 갈수록 입이 무거워야 한다. 적당히 서로 웃고 떠드는 정도를 지켜야지 지나치게 감정을 드러내는 것은 나중에 커다란 화근으로 돌아올 수 있다. 또한 내가 한 말을 상대가 지켜주기를 바라는 만큼, 나도 그 사람이 한 말은 반드시 지켜주는 의리가 필요하다. 그렇게 할 때 시간이 지날수록 나에 대한 신뢰감은 높아질 것이다.

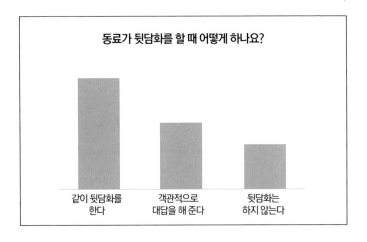

동료가 뒷담화를 할 때 어떻게 하나요?

같이 뒷담화를 한다 / 객관적으로 대답을 해 준다 / 뒷담화는 하지 않는다

 ## 사다리 위로 빨리 올라간다는 것

회사의 임원들을 보면 "저 사람은 정말 임원감이야"라고 평을 듣는 사람도 있지만, "정말 저 사람이 임원 맞아?" 하고 고개를 갸웃하게 하는 사람도 존재한다.

회사에서 출세한다는 것, 임원이 된다는 것은 예측하기 어려운 것 같다. 본인의 능력도 중요하지만, 운도 중요하다는 생각이 든다. 그 사람의 역량과 경력에 맞는 자리가 생겼을 때 임원으로서의 기회를 잡을 수 있는 것이다. 한 치 앞도 내다볼 수가 없다.

생각조차 하지 못했던 사람이 임원이 되기도 하고, 끝없이 올라갈 것 같던 사람이 갑자기 추락하기도 하는 게 조직사회이다.

지금 당장 능력이 없어 보이는 사람도 좋은 기회를 잡

아서 자기에게 맞는 자리에 올라가게 되면 무한 능력을 발휘할 수도 있는 것이다. 다만 필요한 것은 그 역할을 원활하게 수행할 수 있는 역량을 키워둬야 한다는 것이다. 준비가 되어 있어야 한다. 남들보다 빨리 승진하는 것이 좋은 것만은 아니다. 역량이 완숙해지기 전에 높은 자리에 올라가 더 많은 책임을 감당해야 하기 때문이다.

내 생각을 말한다면 직장생활의 승진은 조금 느리게 가는 것도 좋은 것 같다. 느리게 걷기의 미학이라고 할까, 조급함을 버리고 느리게 걸을 때 비로소 보이는 것들이 많다. 자신에게 주어진 역할에 충실하며 넉넉한 마음을 가지고 기다릴 줄 알아야 한다. 먼저 가는 사람을 부러워하지 말고, 축하할 줄 알아야 한다. 그리고 그들을 격려해 줄 수 있어야 한다.

그들은 남들보다 빨리 무거운 책임을 짊어지고 가야하는, 힘든 길을 가는 사람들이다. 그들로 인해 불안해할 필요는 없다. 더 많은 것을 배우고 역량을 키우는 데 집중해야 할 때이다. 천천히 걸어가는 마음의 여유가 필요하다.

우리는 일등에 대한 강박관념을 가지고 있다. 동기들

보다 빨리 승진을 해야 한다, 선배를 앞질러야 한다, 남들보다 먼저 치고 올라가야 한다는 분위기가 우리에게 있는 것 같다.

하지만 남들보다 빨리 가는 데는 그만큼의 책임이 따른다. 고속승진을 하다가 빨리 회사에서 나가는 사람들을 수없이 많이 볼 수 있다. 동기들 중에서 가장 먼저 팀장이 된 사람이 임원이 되지 못하고 회사생활을 마감하는 경우 또한 수없이 보았다.

남들보다 앞서 간다는 것은 많은 주목을 받게 된다는 걸 의미한다. 기대치를 채우지 못하면 질책을 받기 마련이다. 승진을 하면 주변사람은 그에 맞는 태도(attitude)와 성과(performance)를 기대한다. 상사뿐만 아니라 후배들도 같은 기대를 갖는다. 승진을 하고 그에 맞는 변화를 보여 주지 못하면 질책을 받기 마련이고, 상대보다 많이 앞서갈 때에는 적이 생길 수도 있다. 그런 경우 타깃이 되어 오래 회사생활을 하지 못하는 경우가 많다. 결론적으로 동기들보다 앞서 갔지만 퇴사도 빠른 경우가 많더라는 것이다.

남들보다 앞서가는 사람을 부러워할 필요가 없다. 회사생활은 마라톤과 같다. 장기 레이스이다. 중간 지점에서 빨리 간다고 우승하는 것은 아니다. 조금 앞서가는 사람은 단지 지금 조금 먼저 가고 있을 뿐이다. 동기나 후배가 조금 먼저 달려가는 것에 대해 조바심을 갖고 뒤처진다고 생각할 필요가 없다. 오히려 남들보다 조금 늦게 승진하여 대기만성을 이루는 경우가 더 많다. 남들보다 조금 늦다는 것은 적을 만들 가능성이 낮다는 것이고, 역량을 키울 시간이 충분하다는 것이다.

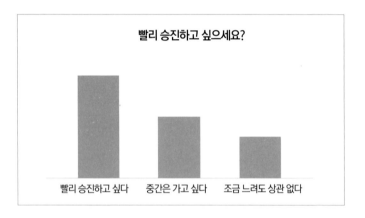

회사생활에서 조급함은 절대 금물이다. 나는 대기만성형이다, 라고 생각하고 느긋한 마인드를 갖는 것이 필요하다. 특히 입사 동기들은 같은 시절에 비슷한 교육을 받고 들어왔기 때문에 나보다 먼저 승진하는 동기를 보면 당연히 축하해 주고 싶고 좋은 일이지만, 상대적으로 내가 뒤쳐지는 것 같은 느낌을 받을 때가 있다. 직장 생활에는 다양한 부서가 모여 일을 하기 때문에 다양한 상황들이 벌어진다. 그 상황에 맞아 먼저 승진할 기회를 잡은 것뿐이다. 머지않아 나에게도 그런 상황이 벌어질 것이기 때문에 자괴감을 느낄 필요가 전혀 없다.

기회는 좀 빨리 오느냐 늦게 오느냐의 차이가 있을 뿐 모두에게 온다는 것을 명심해야 한다. 그보다 더 역량을 키워 좋은 기회가 왔을 때 반드시 잡을 수 있도록 철저하게 준비를 해야 하는 것이다. 그런 작은 감정에 치우쳐 큰 것을 잃는 실수를 범하지 않도록 감정 조절을 잘 하는 것이 필요하다. 승진, 조금 늦어도 문제없다. 먼저 가는 것이 능사는 아니다.

얼마 전에 사장님은 30년째 회사에 다니신다는 말씀을 하셨다. 과연 나도 30년을 다닐 수 있을까? 앞으로 20년 뒤에나 알 수 있는 일이다. 지나간 14년이란 시간도 생각을 해보니 많은 사연들이 있었다. 앞으로 20년을 더 다닐 수 있을까? 혹은 다닐 것인가. 아니면 적당한 시점에 나갈 것인가. 아무도 알 수 없는 일이다. 그 과정에서 어떤 상황이 펼쳐질지 아무도 모른다.

현재 높이 떠 있는 별처럼 보이는 임원도 항상 승승장구하면서 그 자리에 오르지는 않았을 것이다. 중간에 많은 상황들을 잘 견뎌내고 이겨낸 결과 현재 그 자리에 있는 것이다. 앞으로 어떤 상황이 펼쳐질지 모르기 때문에 항상 다음을 준비하고 대비하고 있어야 하는 것이다.

50대 중·후반에 모두 회사를 나가게 된다는 가정을 할 때 40대 중반에 임원이 되어 승승장구할 수도 있겠지만, 남들보다 좀 늦게 50세 정도에 임원이 되어 몇 년을 하다가 나가는 것도 나쁘지 않다고 생각한다. 임원을 오래 하면 연봉을 많이 받고 좋긴 하겠지만, 남들보다 빨리 올라간 만큼 리스크^{risk}도 존재한다. 후배가 선배보다 빨리 임원을 달게 되면 선배로부터 시기와 질투의 대상이 된다. 한마디로 타깃이 된다. 기회만 있으면 물어뜯으려 할 것이다.

나도 회사에서 40대 초반에 임원이 된 분을 본 적이 있다. 한 부서에서 신입사원으로 입사하여 한 곳에서만 15년을 근무한 분이셨는데, 탁월한 능력과 리더십을 가지고 있다는 것은 모두가 인정한다. 그 이후로도 3년 단위로 승진을 거듭하여 최고의 자리까지 올랐다. 최연소 부사장이 된 것이다.

하지만 그 자리를 오래 지키지는 못했다. 시기와 질투의 대상으로 노출되었기 때문이다. 젊은 나이에 그 자리에 오르기 위해서는 적을 만들지 않을 수가 없다. 남들보다 앞서가면 그만큼 동료들로부터 시기와 질투의 대상이 될 수밖에 없다.

남들보다 일찍 높은 자리에 오르는 것도 좋지만, 적당히 올라가는 것도 나쁘지 않다고 생각한다. 직장인이라면, 모두 평등한 대우를 받고싶어 하는 심리를 갖고 있다. 튀기보다는 숨어 있는 것이 상책이라는 심리 또한 가지고 있다. 어떤 특정인물이 튀고, 앞서 나가면 불안해지기 때문에 그런 심리를 갖게 되는 것이다. 남들과 비슷한 속도로 승진하고, 비슷한 모습으로 회사를 나가는 것이 가장 무난한 방법이라고 생각한다. 설령 내가 조금 느리다고 해서 걱정할 필요는 없다.

직장생활은 마라톤이기 때문에 지금 조금 뒤쳐져 있다고 해서 언제나 뒤에 있는 것은 아니다. 언젠가 기회가 와서 앞서 나갈 수도 있기 때문이다. 그런 희망을 가지고 하루하루 긍정적인 자세로 생활하면 언젠가는 기회가 온다.

앞에서 말했던, 남들보다 일찍 부사장의 자리에 오른

분은 회사에서 나가셨다. 좀 늦게 임원이 되기는 했지만 그분들의 동기는 아직도 회사에 잘 다니고 계신다. 과연 어떤 것이 나은 것인지 판단하기는 쉽지 않지만 회사생활에 다양한 길이 존재한다는 것만은 사실이다. 정답은 한 가지만 있는것이 아니기 때문이다.

관계보다는 일이 우선

회사를 다니면서 관계가 중요하다는 말을 많이 듣는다. 좋은 인맥, 좋은 관계가 얼마나 중요한지는 아무리 강조해도 지나침이 없다. 나도 그 부분에 100퍼센트 동의한다. 하지만 이것은 일로 적정한 퍼포먼스를 낸 이후에 가능한 것이다. 남들보다 업무적으로는 노력을 하지 않아도 관계가 좋으면 된다는 의미가 아니다. 일단 본인의 업무는 기본적으로 문제없이 대응할 수 있어야 한다. 상사의 성향에 따라 업무 능력에 좀 더 중요성을 두는 사람도 있고, 관계에 비중을 더 주는 사람도 있다.

경우에 따라서는 좋은 관계를 잘 유지하면 비중 있는 업무를 주고, 빛이 나게 해 주는 경우도 많다. 하지만, 기회가 왔을 때 잡을 수 있는 것은 준비된 자의 몫이다. 자신의 업무에 적합한 능력을 갖추었는지, 어떤 부분이 부족한지를 파악하여 지속적으로 약점을 보완해 나가려는 노력을 기울여야 한다.

회사는 일을 하기 위한 조직이다. 같은 걸 좋아하는 사람들끼리 모여 활동하는 동호회와는 엄연히 다르다. 회사를 다니는 이상 업무가 우선이라는 것을 명심해야 한다.

자신의 업무에 대해선 전문성을 갖고 책임 있는 생산물을 만들어내는 데 집중해야 한다. 필요한 시기에 본인의 능력을 발휘할 때 관계도 좋아진다. 승부처에서 적시타를 때려주는 타자가 감독의 눈에 드는 것과 같다.

특정 업무에 대한 본인의 아이덴티티Idendity를 갖기 위기 위해서는 본인만의 강점을 보여줘야 한다. 이런 작은 성공을 통해 회사생활에서도 자신감이 생기고 더 좋은 관계를 만들어 가는 것이다. 업무 스킬과 인간관계, 그것은 따로 있는 것이 아니고, 함께 맞물려 있는 것이다.

업 앤 다운

나는 야구를 무척 좋아한다. 야구에는 우리네 인생사가 숨어 있다는 말을 하는데, 공감한다. 한 게임, 한 게임 경기를 보다 보면 희로애락이 숨어 있다. 중요한 기회에 타점을 올리는 것도 중요하지만, 꾸준한 성과를 내는 것은 더 어렵다. 한 해 최고의 성과를 냈던 선수가 이듬해 슬럼프에 빠지는 경우도 수없이 본다. FA^(Free agent)를 앞둔 중요한 시기에 좋은 성과를 내지 못해 대박의 기회를 놓치는 선수도 있고, 그 기회에 최대의 성과를 올려 대박의 신화를 만들어내는 사람도 있다. 야구 선수들의 성과를 보면 우리의 인생사와 같이 수많은 굴곡을 갖고 있다는 것을 느낄 수 있다.

직장생활도 이와 다르지 않다. 좋을 때가 있으면 좋지

않을 때 또한 있다. 좋을 때 항상 잘 될 것으로 착각해 교만에 빠진 이들이 결국 나락을 걷는 경우를 수없이 보았다. 반대로 처음엔 좀 뒤처진 듯 했으나, 나중에 인정받고 임원이 되는 경우도 많이 보았다. 우리의 직장생활은 업 앤 다운이 공존하는 곳이다.

한 해를 돌아봐도 그렇다. 상황이 잘 맞아 하는 일마다 잘되고 성과가 좋을 때도 있다. 하지만 반대로 하는 일마다 잘 안 되고 상사와의 관계도 꼬일 때 또한 있는 것이다. 여기서 중요한 것은 잘 되지 않을 때 낙담하고 포기하기보다는 좋을 날을 기다리고 준비하는 자세가 필요하다는 것이다. 잠깐 이 고비를 잘 넘기면 다시 상한가를 칠 날이 올 것이라는 기대를 가지고 철저한 준비를 해 나가야 하는 것이다.

힘든 시기를 잘 못넘기고 일찌감치 포기하는 경우를 많이 보았다. 장기적인 직장생활도 그렇고 한 해 농사도 그렇다. 업 앤 다운이 있음을 인식하고 안 좋을 때는 좋은 날을 기약하고, 좋을 때는 안 좋을 때를 위해 좀 더 겸손한 자세로 주변을 돌볼 필요가 있다. 잘 될 때 기고만장하여 선배를 무시한다거나 동료에게 소홀한 태도를 취한 사람은 나중에 어두운 그림자가 드리워지게 되면 아무도 도와 줄 사람이 없다는 걸 명심해야 한다. 잘될 때 더 겸손하고 올바른 태도를 취해야 하는 것이다. 다른 이로부터 시기나 질투의 타깃이 되어선 안 되는 것이다.

지금 당장 좀 부족해 보이고, 나보다 못한 사람이 있다고 해서 그 사람이 나중에 잘 안 된다는 공식은 없다. 나중에 나보다 더 높이 올라가고 성공할 수도 있는 것이다. 직장생활은 상위 3%만이 하는 것이 아니다. 모든 종사원들이 서로 도와가며 힘을 합쳐 만들어가는 것이다. 서로 좋은 관계를 만들어가고, 도와갈 줄 아는 사람이 길게 가고, 높이 가는 것이다.

지금 당장 힘들어하고 괴로워하는 동료가 있다면 힘이 되어주고 격려해 줌으로써 다시 일어나 더 높은 곳을 향해 달려갈 수 있도록 지원해 주어야 한다. 그것이 동료애이고, 그것이 직장인의 책임인 것이다.

멘토가 되는 즐거움

신입사원이나 연차가 낮은 직원들에게는 업무 외에도 처리해야 할 사소한 일들이 배분되고는 한다. 하지만 거기에도 기회가 존재한다는 것을 명심해야 한다. 업무에는 경중이 없다. 하찮은 업무와 중요한 업무가 따로 있는 것이 아니다. 그 업무를 하찮게 여기는 사람만 존재하는 것이다.

설령 내 연차에 적합하지 않은 업무를 할당받았다고 하더라도 업무를 키워서 효율적이고 의미 있게 실행한다면 더 좋은 기회를 얻을 수 있다. 만약 내가 그런 업무를 배당받았다면 팀장을 원망하기보다는 나에게 주어진 경고(warning)로 받아들여 보다 적극적인 태도를 취하고자 노력해야 한다. 왜 내게 이런 업무 지시를 하느냐고 불만을 표하고 업무를 태만히 한다면 그런 기회조차 다시 오지 않을 수 있다.

상사로부터 신임을 받는 부하직원은 상사가 지시하는 일이라면 경중을 떠나 무조건 완벽하게 끝낸다. 핵심업무 외에도 회사에서는 처리해야 할 일들이 부지기수이다. 비서처럼 일해야 인정을 받는 것이다. 상사와 가까운 곳에 있다 보면 하찮아 보이는 다양한 업무도 처리를 해야 한다. 비서처럼 그런 업무에 다 대응을 해야 인정을 받을 수 있다.

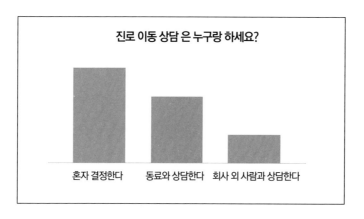

내게는 진로 문제가 생길 때마다 상담을 해달라며 찾아오는 후배들이 몇 사람 있다. 한마디로 말해서 나는 오지랖이 넓은 사람이기 때문이다. 후배들이 가지고 있는 고민에 감정이 이입되어 함께 고민을 하다 보니 나를 좋은 친구라고 생각해 주는 것 같다.

진로 문제 때문에 고민이라면 혼자 머리를 싸안고 있는 대신 가까운 동료나 선배의 의견을 묻고 대화를 나누는 게 좋다. 혼자서 생각하고 성급하게 판단을 내려 이동을 진행하다가 낭패를 보는 경우도 많다.

곁에는 냉정하게 현실을 직시해 조언을 해 줄 좋은 동료가 있다. 그들은 객관적인 시각으로 현실을 파악하고 기꺼이 도울 것이다. 혼자보다는 둘이 함께 고민을 나누다 보면 더 좋은 해법을 찾을 확률이 높다. 때로 아무런 해답을 찾아 주지 못한다고 해도 함께 이야기하고 들어주는 것만으로도 도움이 된다.

직장생활은 마라톤이다. 그래서 30킬로미터 지점처럼 어렵고 힘들 때 곁에서 함께 뛰어 줄 친구가 필요한 것이다. 오늘은 내가 그에게 힘이 되어 주었지만 언젠가는 그 친구가 내가 내리기 어려운 판단에 조언자가 되어 줄 수 있는 것이다.

"둘"

- - - - - - - - - - - - - - - - - - - -

선배,
소주 한잔
사주세요

긍정 프레임으로의 전환

평소 입만 열면 불만을 내뱉는 사람이 많다. 회사를 오래 다닐수록 좋은 점보다는 나쁜 점이 더 눈에 띄기 마련이고 불만은 늘어날 수밖에 없으니 이해는 간다.

하지만 입장을 바꿔놓고 생각해보라. 가슴 가득 불만이 쌓여서 입만 열면 불평을 늘어놓는 사람과 함께 하고 싶은가, 아니면 긍정의 언어로 소통하는 사람과 함께 하고 싶은가?

좋은 사람과 어울리고 싶다면 나 자신이 긍정적 언어로 말해야 한다. 대화를 할 때도 칭찬을 먼저 하는 것이 필요하다. 오랜만에 만났는데, "살이 찐 거 같아.""얼굴이 많이 꺼칠해졌네. 노화는 어쩔 수 없나봐." 이런 대화로 인사를 나누는 사람이 있다. 출발부터 불쾌한 마음으로 시작하기 때문에 대화를 끝내고 돌아서도 좋은 인상을 갖기 어렵다.

반대로 첫 대화를 긍정의 언어로 출발하게 되면 대화를 나누는 내내 좋은 분위기로 끌고 갈 수 있다. 설령 전에 좋지 않은 감정을 가졌던 사람이라고 할지라도 첫 대화를 칭찬으로 시작하면 그 대화를 통해 서로 좋은 인상으로 전환될 수도 있다.

누군가를 만나면 그 사람의 칭찬할 부분을 찾아보자. "날씬해진 것 같다. 피부가 좋아졌다. 비법이 무엇인가?" 칭찬해 줄 말들은 많다.

같은 상황에 처해 있어도 긍정적 프레임을 가진 사람과 부정적인 프레임을 가진 사람은 명확하게 드러난다. 내 주변의 모든 프레임을 긍정적으로 바꾸어 보자. 프레임을 바꾸면 인생이 즐거워진다. 인생이 즐거우면 성공의 길로 향하게 되는 것이다. 내가 이 회사를 들어오게 된 것에서부터 지금 속해 있는 부서에 있는 것, 아쉬움을 갖기 시작하면 끝이 없을 것이다. 왜 이 회사, 이 부서를 지원했을까? 지금 후회를 해봐야 의미 없는 질문들이다. 내가 지금 여기에 있는 것은 다 의미가 있는 것이다.

많은 회사들 중에 이 회사에 들어와서 운 좋게 좋은

사람들을 만나 지금 이 부서에서 즐겁게 일을 하고 있으니 나는 행복한 사람이라고 생각한다면 회사생활을 보다 즐겁게 이어갈 수 있을 것이다.

긍정의 프레임이 필요하다. 쉽지 않다는 것을 안다. 하지만 매일 아침 긍정의 프레임으로 나의 마인드를 리셋할 때 나의 행복은 시작되는 것이다. 긍정적인 마인드로 세상을 보면 지금 내가 사는 이곳은 지금보다 행복한 곳이다. 직장생활에서 긍정적 마인드는 무척 중요하다. 직장생활은 관계를 통해 많은 부분이 형성되기 때문에 심리적인 변화에 따라 많은 것들이 달라진다.

김 과장은 며칠 전 팀장과 면담을 했을 때, 가고 싶은 부서가 어디냐는 말을 들었다. 6개월 전 옮기고 싶은 부서를 이야기했던 적은 있었지만 갑작스런 팀장의 질문에 당황스럽고 찜찜한 기분이 들었다. 평소처럼 출근해서 팀장에게 인사를 했지만 팀장의 얼굴도 밝아 보이지 않았다. 김 과장은 자신이 팀장에게 인정받지 못하고 있다는 생각에 마음이 불편했고, 함께 식사를 하는 것은 물론 인사를 하는 것도 피하고 싶었다.

이는 부정적인 프레임으로 상황을 판단하는 것이다. 이런 상황을 긍정적 프레임으로 바꾸어야 한다. 팀장이 면담을 하면서 가고 싶은 부서를 물어본 것은 단지 6개월 전에 이동 의사를 밝혔기 때문이고, 아직도 이동하고자 하는 의사가 있는지를 듣고 싶었던 것이고, 프로세스에 의한 질문에 불과했던 것이다. 이렇게 생각하면 이것은 직장생활에서 일어나는 아주 흔한 상황에 불과하다. 긍정적 프레임으로 바꾸면 평소와 다름없는 상황인 것이다.

똑같은 상황을 놓고 긍정적 프레임으로 보는가, 그렇지 않은가에 따라 완전히 다르게 나타난다. 직장생활을 오래, 그리고 잘 하려면 긍정적 프레임으로 바꾸는 능력을 길러야 한다.

현재 상황에 낙담만 해서 다른 회사를 찾기보다는 상황을 긍정적으로 판단하여 평정심을 유지하고 주어진 역할에 충실한 것이 중요하다. 부정적 프레임으로 판단해 삐뚤어지게 나간다고 해서 내게 좋아질 것은 전혀 없다. 설령 부정적 프레임으로 보는 것이 맞는 상황이라고 하더라도 긍정적으로 판단하고 대응하는 것이 더 좋은 결과를 낳을 수 있을 것이다.

최인철 교수는 〈프레임〉 이란 책에서 '상황을 대하는 태도에 따라 나의 인생이 바뀔 수 있다'고 말한다. 항상 같은 마음을 가질 수는 없지만, 지속적으로 나를 리셋하면 어느 순간 변화된 나를 발견하게 될 것이다.

회사는 내게 무엇을 원하는가?

어릴 적 즐겨 보던 만화영화 「개구쟁이 스머프」를 보면 재미있는 캐릭터가 많이 등장한다. 파파 스머프, 똘똘이 스머프, 투덜이 스머프 등 저마다 차별화된 캐릭터가 인상적인 만화였다.

우리가 일하는 기업에도 이런 비슷한 캐릭터들이 존재한다. 어떤 일이든 맡겨지면 최선을 다하는 돌쇠형이 있고, 자기가 맡은 일만 하고 조용히 사라지는 아웃사이더형도 존재한다. 상황별 문제점을 잘 집어내고, 판단이 아주 빠른 비평가형도 있다.

김 과장은 해결하기 쉽지 않은 과제를 받았을 때 냉철하게 옆에서 코칭을 시도하는 비평가형 인재이다. 냉철

하고 정확하게 현재 상황을 파악하여 문제점에 대해 신랄하게 비판한다. 때로는 상사의 단점을 정확하게 집어내는 능력도 갖고 있다. 제3자의 시선에서 객관적인 비판을 하기 때문에 때때로 주변 사람을 놀라게 하기도 한다. 경우에 따라서는 너무나 시니컬cynical한 태도로 의견을 내기 때문에 주변 사람들과 잘 어울리지 못하는 경향도 보인다. 다른 사람들보다는 본인이 뛰어나다는 마인드로 생각을 하기 때문에 어울리기 쉽지 않은 것이다.

하지만 실제로는 그 과제를 김 과장에서 주었을 때 회사가 원하는 결과물(out-put)을 내지 못할 가능성이 더 높다. 그는 과제의 실질적 해결책을 제시하지 못한 채 뒤에서 문제점만을 늘어놓은 사람이기 때문이다.

회사는 이런 머리만 좋은 비평가형 인재를 선호하지 않는다. 뒤에서 훈수를 두는 장기판의 훈수꾼보다는 실행을 하는 플레이어형 인재를 원한다. 회사는 비평가보다는 문제 해결형 인재를 원한다. 어떤 과제가 주어졌을 때 "해결책을 나에게 어떻게 찾으라고 하는 거야?" 하는 마인드로 과제를 보기보다는 과제에 대한 성공 가능성으로 과제를 보는 긍정적 사고의 소유자가 되어야 한다.

문제 해결사(problem solver)는 주어진 과제에 대해 실패할 가능성에 대해 주저하며 시간을 낭비하지 않는다. 그의 눈에는 성공의 가능성만 보이며, 과제를 해결하기 위한 방법을 찾는 데 집중한다.

회사는 과제에 대해 스스로 해결하지 못하고 상사가 업무 지시를 내려 주기만을 기다리는 직원을 원하지 않는다. 상사가 해결책에 대한 가이드를 내려 주면 좋겠지만, 그렇지 못한 경우에 실무담당자가 해결책을 찾아내야 한다. 해결책을 찾기 위해서는 관련부서 관련 담당자와 많은 인터뷰를 진행해야 하며, 기존자료를 최대한 활용하고, 데이터를 통해서 인사이트insight를 발굴할 줄 알아야 한다. 어느 누군가가 정답을 알려 주길 기다려서는 안 되는 것이다.

때로는 컨설턴트처럼 일하는 것도 필요하다. 컨설턴트는 3개월 정도, 적당한 기간을 정하고 기간 내에 최종 산출물을 무조건 만들어 내야 한다. 3개월 단위로, 프로젝트 식으로 업무를 처리해 보는 것은 어떨까? 분기별로 과제를 정해 놓고 과제를 실행하기 위한 전략을 수립하고 하나씩 실행하는 것이다. 일상 업무에 바쁘지만, 추가

적으로 과제를 정해 프로젝트를 수행한다면 분기에 한 번씩 좋은 아웃풋out-put이 나오는 것이다.

일상 업무는 시간이 지나면 아무것도 한 것이 없어 보일 수도 있지만 프로젝트성 업무는 일정기간 후 산출물이 나오는 것이므로 성과를 내기 좋다.

상사가 좋아하는 사람은
이유가 있다

상사로부터 인정을 받고 싶지 않은 사람은 없다. 하지만 상사로부터 인정을 받는 사람과 그렇지 않은 사람은 엄연히 존재한다. 비슷한 교육을 받고 비슷한 시기에 같은 회사에 입사를 했는데, 왜 이런 차이가 나타나는 것일까?

상사로부터 인정을 받기 위해서는 상사와의 사이에 신뢰가 쌓여 있어야 한다. 관계에 신뢰가 있어야 중요한 업무를 배분받을 것이고, 기회를 잘 잡을 수 있다.

상사의 눈에 열심히 일하고, 잘 하는 것으로 보이는 직원에겐 공통점이 존재한다. 우선 지속적으로 연관부서 혹은 거래처와 소통을 한다는 것이다. 지속적으로 소통을 하면서 더 많은 정보를 얻는다. 그렇게 얻은 정보를 꾸준히 상사에게 제공하고, 연관부서와 미팅 혹은 출장 등을 통해 더 많은 정보를 주고받으며 해당부서의 가치를 높인다.

상사가 요청한 일에 살을 붙여 일을 더 크게 만든다. 부정적인 의미에서 일을 키운다는 의미가 아니다. 아무것도 아닌 일이라도 그에게 맡기면 제대로 처리한다는 인식을 줄 수 있을 만큼 살을 붙여 일을 만든다는 것이다.

그는 조용히 자리에 앉아 있기보다는 무엇인가를 지속적으로 하고 있는 액티브^{active}한 모습을 지속적으로 어필한다. 업무의 진행상황을 상사의 요청에 따라 공유하기보다는 먼저 보고하고 진행 방향이 맞는지 지속적으로 확인하며 진행한다. 진행한 업무는 반드시 아웃풋_{out-put}을 만들어 낸다.

업무를 진행함에 있어서 정해준 기한은 반드시 지키려 노력하고, 혹시 지연이 될 때는 미리 보고하여 지연 사유를 밝히고 지연에 따른 대응방법을 미리 준비할 수 있도록 한다. 기한에 임박하여 보고하기보다는 좀 더 빨리 제출한다. 상사에게 보고를 할 때는 구두로 하기보다는 간단하게라도 작성한 보고서를 같이 보면서 보고한다. 이런 작은 보고서가 쌓이면 나중에 파워포인트 작성

등의 업무를 진행할 때도 커다란 도움이 되고 이런 것들
이 쌓여 노하우로 축적이 되는 것이다.

상사로부터 인정받는 사람의 공통점

1. 연관부서/거래처와 지속적으로 전화 통화를 한다.
2. 연관부서와 미팅/출장 등 일을 만든다.
3. 상사가 지시한 일에 살을 붙여 일을 크게 벌인다.
4. 무엇인가 하고 있는 액티브^{active}한 모습을 지속적으로 어필한다.
5. 주요 업무 진행상황을 지속적으로 상사에게 보고한다.
6. 업무 진행방향이 맞는지 지속적으로 확인하고 진행한다.
7. 실행한 일에는 반드시 아웃풋$^{out-put}$을 만들어 낸다.
8. 기한을 반드시 지키고, 기한보다 빨리 보고한다.
9. 구두로 말하기보다 보고서로 말한다.
10. 보고서를 모아 노하우로 축적된다.

보고서부터 제대로 쓰기

　자신의 생각을 형식에 구애받지 말고 나열해본다. 생각만 하는 것과 적어보는 것은 완전히 다르다. 워드로 작성하는 것이 편한 사람은 워드로 해도 되고, 펜으로 적는 것이 편한 사람은 펜으로 해도 무관하다. 다만 자기 생각을 솔직하게 나열해보면서 최대한 끌어내 보는 것이다. 그 과정에서 참고가 될 만한 모든 자료를 보면서 하는 것이 좋다. 나열된 것을 연관성이 있는 카테고리에 따라 구분을 해보고, 구분된 카테고리를 스토리로 만들어 재배열을 해보도록 한다.

　자료 작성에 들어가기 전에는 먼저 팀장이나 상사에게 자신의 스토리를 함께 공유해보는 것이 좋다. 자신이 생각한 것이 팀장의 오더에 맞게 올바르게 진행되는 것인지를 검증할 수 있는 중요한 시간이다. 이때 좋은 리더는 후배에게 올바른 인풋Input을 제공할 것이다.

이 시간은 팀장과 실무자의 생각을 하나로 뭉치는 데 의미가 있는 것이며, 팀장이 원하는 방향으로 올바르게 진행되고 있는 것인지를 확인하는 기회가 될 것이다. 이 단계를 거치지 않으면 모든 자료를 작성한 후에 방향이 올바르지 못해 다시 작성해야 하는 결과를 초래할 수도 있다.

팀장과 스토리를 재정비했다면 본격적으로 자료 작성에 들어간다. 한 번에 끝낸다는 생각을 버리고 담을 수 있는 모든 정보를 나열해본다. 그리고 나열된 정보를 다시 카테고리로 나누어 배열한다.

자료 작성에 있어서 명심해야 하는 것은 작성자 관점에서 자료를 작성하는 것이 아니라 보고서를 보는 사람의 관점에서 작성하라는 것이다. 두서없이 나열된 자료는 읽기 힘들며 스토리가 없이 나열된 정보는 이해하기가 어렵다.

스토리를 만들어 나열의 순서도 재배열해야 하며 카테고리를 나누어 정리해야 한다. 상사에게 인정받는 보고서를 쓰기 위해서는 완성되기 전에 본인의 진행 상황을 수시로 검증받는 것이 필요하다. 상사 역시 본인의 생각을 알려 줄 많은 기회를 가지게 됨으로써 보고서에 대한 이해도를 높이고, 같은 방향을 향해 같이 갈 수 있다. 같은 방향을 보고 작성된 자료는 상사에게 인정받는 자료가 될 것이다.

왜 이렇게 일찍 출근했어?

회사생활을 하다 보면 일찍 출근하는 사람을 충성도가 높은 사람, 늦게 출근하는 사람은 충성도가 낮은 사람으로 평가하는 경우를 자주 본다. 직장생활에 있어서 업무 능력이 아주 중요한 것은 사실이지만, 일을 잘 하는지 못 하는지를 평가하는 것은 그리 쉬운 일이 아니다. 동시에 같은 일을 시켜서 점수를 매기는 것도 아니기 때문에 우열을 가리기가 쉽지 않은 것이다.

결국은 사람을 평가할 때 명확하게 수치화가 가능한 것을 바탕으로 볼 수밖에 없다. 그 중 하나가 출퇴근 시간이다. 남들보다 일찍 출근하면 부지런하고, 열심히 하는 것으로 보일 수가 있다. 임원 중에 새벽에 출근하고 밤늦게 퇴근하는 분들이 많은 이유는 이런 면에서 남들보다 인정을 받은 결과라 생각한다.

세상의 모든 팀장은 팀원이 자기보다 일찍 출근하고 늦게 퇴근하는 사람을 좋아한다. 다만 티가 나게 표현할 수 없지만, 속으로는 그렇게 생각한다. 본인보다 늦게 출근하면 열정이 좀 부족다고 생각할 수도 있는 것이다.

가장 이상적인 것은 팀장의 출근시간을 파악해서 그보다 30분 일찍 출근하고 그보다 30분 늦게 퇴근하는 것이다. 비열한 행동처럼 보일 수도 있다. 하지만 비열하다고 생각하지 말고, 팀장에 대한 예의를 갖춘다고 생각할 수도 있는 것이다. 출근시간을 통해 "나는 팀장님을 존경합니다"라고 인사를 하는 것일 수도 있다.

물론 일찍 출근해서 업무 효율이 떨어지고 부작용이 많다면 굳이 일찍 출근해서 하루를 힘들게 보낼 필요는 없다고 생각한다. 업무 시간에 효율성을 최대한 높여서 일하는 게 가장 좋다는 것은 누구도 부정할 수 없다.

하지만 늦게 출근했을 때는 이상하게 내가 작아지는 느낌을 받는다. 눈치를 주는 사람이 없다고 하더라도 본인 스스로 기가 죽는다. 반대로 남들보다 일찍 출근하면 자신감이 생기고 당당해진다. 하루 일과에 자신감을 주는 것만으로도 그 가치가 높다.

직장인에게 출퇴근 시간은 피할 수 없는 딜레마이다. 남들보다 조금 일찍 출근하고 조금 늦게 퇴근해서 자신 감을 갖는다는 차원으로 보아야지 일찍 출근해야 연말에 좋은 평가를 받고 성공한다는 생각은 잘못된 것이라 생각한다. 남들보다 일찍 출근하는 것이 본인에게 잘 맞지 않는 사람은 억지로 일찍 출근할 필요는 없다. 개인을 평가하는 중요한 잣대는 아닌 것이다.

다만 하나의 작은 지표일 뿐이라도 업무상의 우열을 가리기는 힘들고 출퇴근 시간은 명확하게 드러나는 지표이기 때문이다.

밤새 술을 마셔도 정시 출근은 기본이다. 동료들과 술자리를 갖다 보면 늦은 시간까지 이어지는 경우가 있다. 그러다 보면 술이 과해서 실수를 하는 사람도 있고, 나 또한 몇 번쯤 실수를 한 적이 있다.

회식만 하면 지각을 하는 후배를 본 적이 있다. 이 친구는 신입사원 때부터 그런 습관을 들인 것 같다. 신입사원 시절 따끔하게 야단을 친 선배가 없었나 보다. 나 또한 술을 마시면 아침에 일어나는 것이 좀 힘들긴 하다. 하지만 정시에 출근하는 것은 기본이라 생각한다.

좋은 회식은 적당하게 마시고 적당한 시간에 파하는 것이 최상이다. 늦게까지 놀고 아, 오늘 정말 잘 놀았다고 생각한 적 있는가? 비록 쉽지는 않지만 중용을 잘 지키는 것은 언제나, 늘 옳다. 한 소리 또 하고 한 소리 또 하며 가치 없이 소중한 시간을 낭비하기보다는 알차게 시간을 보내고, 적당히 시간이 되면 아쉬움을 뒤로한 채 내일을 위해 멈출 줄 아는 것 또한 능력이다.

회사에서의 재미 찾기

"왜 이렇게 회사에 가기가 싫지?"

"뭐 재미있는 일은 없을까?"

직장 동료들과 자주 대화를 나누는 주제들이다. 직장 생활에 대한 환상을 버리지 못해서 나오는 질문이라 생각한다.

여행 가방을 끌고 해외여행을 갈 때는 마음이 설렌다. 하지만 매일 같은 시간에, 같은 자리로 출근하는 일이 가슴 설렐 것이라고 기대하기는 어렵다. 반복되는 일상을 벗어나 새로운 곳을 가거나 새로운 일을 매일 시작한다면 좋겠지만 우리의 직장은 그런 곳이 아니다. 매일 같은 공간에서, 매일 같은 사람들과 모여서, 매일 비슷한 일을 하는 것이 직장이다.

그러나 아침에 일어나 나를 필요로 하는 곳이 있다는 것만으로도 행복하다는 것을 알아야 한다. 아침에 알람 소리에 눈을 뜨고, 샤워를 하고 깨끗한 옷으로 갈아입고 출근을 한다. 이번 주말도 하고 싶은 일들을 다 하지 못한 채 월요일이 되고 말았다. 주말에 몇 시간을 더 준다고 하더라도 그 일들을 다 하지는 못 했을 수도 있다. 일상으로 돌아와서 바쁘게 움직여야 해야 할 일들이 하나씩 풀리기 시작한다. 바쁘게 움직일 때 더 많은 것들을 할 수 있는 것이다.

반복되는 일상이 지루하다고 말하기 전에 그 이후의 시간에서 나를 설레게 하는 것들을 발견하려는 것이 필요하다. 나를 설레게 하는 사람이든, 나를 설레게 하는 취미든 회사 밖에는 새로운 것들이 가득하다.

일이 내 인생의 전부가 되어서는 행복할 수가 없다. 일하기 위해 사는가, 살기 위해 일하는가? 사람은 놀기 위해 행복하기 위해 일하는 것이다. 열심히 일한 대가로 돈을 받고 그 돈으로 내가 하고 싶은 것들을 하며 살아야 한다. 열심히 일한 당신 떠나라고 하지 않던가.

일하는 것이 전부가 되어서는 안 된다. 일을 한다는 것은 당연히 희생이 필요한 것이다. 그 희생조차 즐겁기를 바라는 것은 과욕일 것이다.

하루에 가장 많은 시간을 회사에서 일을 하며 보내고 있다. 그 긴 시간을 숨 막히게 보낼 수는 없는 일이다. 그 안에서 즐거울 거리들을 만들어야 한다. 쉬지 않고 일하는 사람과 노래하며 일하는 사람은 성과도 다를 것이다.

마라톤 선수가 100미터 단거리 선수처럼 달린다면 오버페이스로 인해 쓰러지고 말 것이다. 하루 일과 중에서 시간 안배가 필요한 것이다. 그날의 컨디션과 업무의 기한에 맞게 시간 관리를 해야 한다. 자동차도 사고가 발생했을 때 완충작용을 할 공간의 여유를 많이 둔 차를 타는 사람이 좀 더 안전한 것처럼 나의 일상에도 여유 공간이 있어야 한다.

회사에서도 업무 시간에 소처럼 일만 해서 좋은 성과물을 만들어 내기를 바라는 것은 아닐 것이다. 그렇다고 업무 시간에 쇼핑이나 주식과 같은 것을 하라는 것이 아니다. 나의 뇌를 쉬게 하고 더 집중할 수 있도록 준비하는 시간 안배를 해야 좋은 성과를 만들어 낼 수 있다는 것이다. 직장에 대한 환상을 버리고, 작은 즐거움, 작은 쉼표를 그릴 줄 아는 직장인이 행복한 하루를 만들고 더 오래 직장 생활을 행복하게 할 수 있는 것이다.

회사에 가는 것이 언제나 신나고 즐겁기를 바라는 것은 불가능하다. 다만 나의 역할에 충실하게 일을 하고 그 안에서 즐겁도록 노력을 하고, 바쁜 일상 속에서 즐겁게 일을 해야 한다. 반복되는 일상을 벗어난 자극적인 것을 기대하지 말라. 회사는 일하러 가는 곳이다. 가기 싫은 곳을 억지로 간다는 프레임을 버리고, 어차피 가야 하는 곳이니 그 안에서 즐거울 것들을 찾아서 즐거운 가운데서 행복하게 일을 하자는 프레임으로 마인드를 바꾸어 보자.

회사 안에서도 행복할 수 있는 것이 너무나 많다. 회사를 단지 일하는 곳으로만 인식한다면 일요일 저녁 무렵이면 다가오는 월요일로 인해 불행해질 것이다.

하지만 월요일에 자신이 정말 행복을 느낄 수 있는 일정을 넣는다면 어떨까? 좋아하는 사람과 만나 함께 식사를 하는 날로 만들 수도 있고, 다른 좋아하는 일을 할 수 있는 날로 만들어도 좋을 것이다. 또한 정말 친하고 편안한 동료와 만나서 같이 점심도 먹고, 차도 한잔 마실 수 있는 교류의 장으로, 내가 알지 못하는 새로운 업무 영역을 배울 수 있는 교육의 장으로, 하루를 최선을 다하고 의미 있게 보냈을 때 느끼는 성취의 장으로 일터를 인식하게 된다면 어떨까?

프레임을 어떻게 두느냐에 따라 직장생활에 임하는 나의 태도는 완전히 달라질 것이고, 그로 인한 나의 성과도 다르게 나타날 것이다. 직장에 대한 환상을 버리고, 긍정적 프레임으로 바꾸어 보자.

내 재능과 회사의 필요가 만나는 곳

성향과 역량에 따라 자신에게 잘 맞는 역할이 있다. 하지만 회사의 입장에서는 개인이 원하는 일만 하도록 할 수 없다. 회사에 들어온 이상 회사가 원하는 역할을 해야 하는 것이다.

하지만 자신의 특성을 잘 파악해야 자신이 원하는 방향으로 커리어 패스career path를 만들어 갈 기회를 잡을 수 있다. 회사가 필요로 하는 시점에 자신이 가지고 있는 능력을 어필함으로써 원하는 곳으로 이동을 할 수 있는 것이다. 자신의 성향 파악이 무엇보다 중요한 것은 자신과 어떤 잡Job이 잘 맞는지를 파악하는 것이다. 즉 자신이 전략부서 혹은 지원부서에 잘 맞는지, 마케팅이나 영업부서에 잘 맞는지를 파악해볼 필요도 있다.

사실 생각했던 일과 실제 업무는 다를 수가 있기 때문에 몇 번의 시행착오를 겪을 수밖에 없다. 시행착오를 줄이기 위해서는 인맥을 통해 업무에 대한 정보를 많이 모아서 자신의 성향에 잘 맞는지를 파악해 보는 것이 중요하다.

10년차를 넘어가면 이동하기가 어려워진다. 업무상 강점이 있지 않다면 잘 받으려 하지 않는다. 부서를 이동할 때 일반적으로 가장 선호하는 연차는 5 ~ 7년차 정도이다. 회사의 방향과 일에 대한 숙련도가 궤도에 오른 상태이므로 주어진 역할에 바로 투입할 수 있기 때문이다. 이동하고자 하는 부서의 일에 적합한 사람이라는 점을 강하게 어필할 수 있는 스페셜리스트specialist가 되어야 한다. 자신이 10년차 이상이라거나 업무에서의 전문성보다는 제너럴리스트generalist라고 한다면 연중이동보다는 정기이동 시점을 활용하는 것이 유리하다. 연중이동은 한 사람을 놓고 이런 저런 경우의 수를 따져보기 때문에 제너럴리스트generalist에게는 불리하다.

정기이동은 보통 연말에 진행된다. 많은 사람이 이동을 하기 때문에 한 사람을 놓고 깊이 있게 고민할 여유가 없다. 경우에 따라서는 발령 시점에 임박해 인력 이동에 맞물려 급하게 결정이 나기도 한다. 연차가 높은 사람은 정기이동을 고려하는 것이 훨씬 유리하다.

나의 재능을 주도면밀하게 파악하여 나의 재능과 회사의 필요가 만나는 곳으로 이동을 하게 된다면 더할 나위 없이 좋을 것이다. 그곳이 꿈의 직장인 것이다. 연차가 높은 사람은 새로운 곳에 가서도 몇 년간 정착(settle down)할 때까지 긴장을 늦추면 안 된다. 여러 가지 변수로 인해 이동 수에 휘말릴 수 있다는 것을 명심해야 한다. 누군가를 다른 부서로 보내야 하는 변수가 존재한다면 우선 고려 대상이 이동한 지 얼마 되지 않아 적응 중인 인력이 될 것이다. 이럴 때 필요한 것이 상사의 힘이다. 팀장에게 꼭 필요한 사람이라면 이런 이동을 고려할 때 어필을 통해 제외할 수 있도록 노력을 해 줄 것이다. 일반적으로 부서장이 혼자 결정하기보다는 팀장들을 모아놓고 이동할 사람을 결정하기 때문에 직속 팀장의 역할이 아주 중요하다.

현재 부서에 내가 잘 맞지 않는다고 판단되면 다른 회사로 옮기기 전에 회사 내부부서로 이동하도록 권한다. 순간적인 감정으로 다른 회사로 이동한 많은 사람들이 후회하는 케이스를 많이 보았다. 특히 외국계 회사는 이동에 많은 고민을 필요로 한다. 외국계 회사는 서구적 문화로 자유롭고 상하 관계가 없이 평등할 것이라고 생각하는데, 실제 외국계 회사 근무자들을 통해 들어보면 외국계 회사가 더 그렇지 않은 경우가 많다고 한다. 그들 또한 한국인이고 한국계 회사에서 근무를 한 사람들이기 때문이다.

대부분의 외국계 회사는 본사의 방향에 따라 움직이는 마케팅·영업 인력으로 구성되어 국내 기업보다는 작은 조직을 갖고 있다. 작은 조직의 단점을 예를 들자면, 마케팅에 필요한 경력자를 채용했다고 하자. 그 역할에 적합하다고 채용한 사람이 정말 잘 맞는 경우도 있지만, 때로는 잘 안 맞는 경우도 존재하는 것이다. 6개월 정도 시간을 주었는데 회사가 원하는 결과$^{out-put}$를 내지 못하면 다른 회사를 알아보라고 하는 경우가 많다. 다른 부서로의 이동이 어렵기 때문이다.

경력사원을 채용한 자리는 그 회사에서 가장 힘들고 어려운 자리라고 보면 된다. 그런 자리가 아니라면 내부적으로 이동하고자 하는 사람이 있을 것이고, 다른 인력으로 이미 채웠을 것이다. 내부 인력으로 충원이 되지 않을 때 보통 외부 경력사원을 채용하고자 하는 것이다.

반대로 국내 기업은 이런 면에서 장점이 있다. 다양한 조직을 갖추고 있기 때문에 경력직으로 채용된 사람이 그 역할에 맞지 않다고 판단되면 다른 부서의 이동을 고려해 줄 수 있다는 것이다.

회사의 이동은 이처럼 어려운 것이다. 아무리 많은 정보를 취득한다고 해도 밖에서 그 회사를 파악한다는 것은 쉬운 일이 아니다. 아무리 신중하게 고민해도 지나침이 없다. 내가 현재 부서에서 인정을 받고 있지 못하더라도 고민할 필요는 없다. 내부적으로 나에게 적합한 다른 부서가 기다리고 있을 것이다. 만약 내부에서 최선을 다해 찾아봐도 찾기 어렵다면 그때 다른 회사로의 이동을 고민하면 된다.

회식이 기회다

회식은 업무시간만큼 중요한 기회의 장이다. 주변에 동료들과 편하게 대화를 하고 친분을 높일 수 있는 좋은 자리인 것이다.

업무 시간에는 깊게 나눌 수 없는 대화를 회식 자리를 통해 나눠보는 것도 좋고, 평소 어색하거나 친하지 않은 직원이 있다면 술잔을 나누며 친밀도를 높이려는 노력이 필요하다. 또한 임원이나 상사와의 친밀도를 높일 수 있는 중요한 기회이기도 하다. 평소에 나누지 못 했던, 인간적으로 가까워질 수 있는 화제를 통해 한발 가까이 다가설 수 있도록 좀 더 적극적인 태도를 취할 필요가 있다.

좀 어렵고 부담스럽다고 하더라도, 회식 자리를 빌어

술을 한잔 권하면서 상사가 좋아하는 화제를 잡아 대화를 시도해보자.

회식은 단순히 음식을 먹는 자리가 아니다. 상사와 동료 그리고 후배와 가까워지고 업무를 수월하게 처리하기 위한 인간적인 친밀도를 높이고자 구성원 모두의 중요한 시간을 내어 진행하는 것이다. 그냥 음식 먹는 데 열중하고 시간을 때우는 것은 자신의 소중한 시간을 낭비하는 것이라는 점을 명심해야 한다.

직장에서의 이미지 메이킹

하루하루 작은 것들이 쌓여 한 사람의 이미지가 만들어진다. 그래서 작은 것에도 주의를 기울여야 할 필요가 있다.

직장은 놀기 위해 오는 곳이 아니다. 편한 동료라고 하더라도 친구처럼 대하는 것은 문제가 있다고 생각한다. 동료는 동료로 대해야 하는 것이다. 동료들과 가깝게 지내는 것은 좋지만 너무 가벼운 대화만 주고받는 것은 장기적인 자신의 이미지에 나쁜 영향을 줄 수 있다는 것을 명심해야 한다.

연말에 좋은 평가를 받으려면 1년 농사를 어떻게 지어야 할까? 평소 대충대충 하다가 연말평가에 임박해서 열심히 한다고 좋은 평가를 받을 수 있을까? 연말에 좋은 평가를 받기 위해서는 중요한 기회가 왔을 때 임펙트 있게 열심히 하는 이미지를 심어 주는 것이 필요하다. 그 외에도 평소에 큰 사고를 치거나, 지나치게 눈에 띄는 행동은 자제해야 한다. 근태에 주의를 기울여야 하고, 업무가 주어졌을 때 신뢰감을 보여줄 수 있어야 한다. 워크숍과 같이 구성원들이 모인 자리나 중요 회의에서 프레젠테이션 준비를 잘 해서 스마트한 모습을 심어주는 것도 중요하다. 기회가 왔을 때 잡아야 하는 것이다.

건강관리를 잘못해 갑자기 아파서 결근을 한다거나, 과음을 해서 다음날 힘들어 하는 모습도 프로페셔널하지 못한 행동이다. 정시 출근, 정시 퇴근하는 사람보다는 남들보다 조금 여유 있게 출근해 미리 업무를 준비하는 모습을 보여줄 필요가 있고, 업무 정리를 하고 여유 있게 퇴근하는 모습으로 자신의 이미지를 만들어야 한다.

연말에 좋은 평가를 받는다는 것은 한 번의 큰 성과를 만들어 내서라기보다 작은 것들이 쌓여져 만들어진 자신의 이미지가 성적표로 나타나는 것이다. 매월 자신이 올린 성과에 대해 스스로 평가를 해보는 것도 좋을 것이다. 자신이 상사라면 내게 어떤 평가를 줄 것인지를 지표로 만들어 스스로 점검해 보는 것도 큰 의미가 있다고 생각한다. 12번의 평가가 모여서 1년 동안의 나의 평가가 되는 것처럼, 지난달 나의 성과가 부족했다면 이번 달에는 좀 더 분발하는 계기로 활용하면 좋을 것이다.

오늘부터 당장 나를 나쁜 이미지로 만들었던 것들과 결별하도록 하자. 지각은 물론이고, 9시가 다 돼 겨우 출근하는 것은 열정이 부족하고 로열티가 떨어지는 것처럼 비쳐진다. 평소보다 조금만 일찍 출근해서 하루 업무를 준비하는 태도를 취해 보라. 주변의 평가들이 달라지기 시작할 것이다.

동료들도 서로 평가를 하고 있다는 생각을 잊어서는 안 된다. 작은 것들로 자신의 이미지를 갉아먹는 행동은 서로를 위해 자제할 필요가 있다. 친하다고 해서 평소 너무 가벼운 대화 주제는 좋지 않다. 19금 대화를 하며 웃음을 주고받을 수는 있다. 하지만 너무 잦은 화제로 삼게 될 경우 그쪽을 너무 밝히는 사람으로 이미지가 굳어질 수가 있다.

회사는 여직원도 함께 일하는 공간이기 때문에 여직원이 일하는 데 눈살을 찌푸리는 행동을 할 우려를 가진 사람을 선호하지 않는다는 것을 잊지 말아야 한다. 상사가 자리에 없을 때 너무 편하게 행동을 하는 것도 이미지에 나쁜 영향을 줄 수 있다. 상사는 자리에 없지만 동료들은 나를 평가하고 있다는 것을 잊지 말아야 한다. 지나치게 동료들을 경계하고 긴장을 하라는 의미가 아니다. 좋은 이미지를 통해 회사에서 원하는 사람이 되기 위해서는 좀 더 주의를 기울여야 한다는 것이다. 동료는 친구와 명확히 다르다. 적정한 선을 잘 유지하며 관계를 유지하는 것이 좋다.

외모도 경쟁력

성공한 임원들의 외모를 보면 대부분 잘생기고, 깔끔한 사람이 많다. 깔끔한 자기연출이 필수조건인 것이다.

한 사업부를 대표하는 사람인데, 배가 많이 나와 둔해 보인다면 좋은 인상을 주지는 못할 것이다. 정기적으로 컴퓨터 프로그램 업데이트를 하는 것처럼, 옷도 트렌드에 맞춰 지속적으로 업데이트를 해야 한다. 깔끔한 이미지 연출을 위해서는 외모에도 투자를 해야 하는 것이다.

매일 같은 양복만 입고 다니는 사람이 있다고 가정을 해보자. 그를 보고 부지런하고, 새로운 업무에 적합하며 지속적으로 혁신하는 역할에 적합한 사람이라는 생각이 들까?

본인에 잘 맞는 컬러와 트렌디한 외모 관리는 현대의

직장인에게 필수 사항이다. 정장 스타일도 몇 년을 주기로 지속적으로 변화한다. 10년 전에는 뒤트임이 없는 정장이 유행이었으나, 최근에는 그런 정장을 입고 다니는 사람을 보기 힘들다. 컬러 또한 짙은 색의 일관된 형태에서 최근엔 밝은색 정장도 많이 입는다. 검은색 혹은 네이비 계열의 정장은 기본이고, 가끔 트렌디한 연출을 위한 밝은 계열의 정장도 한두 벌 정도는 갖고 있으면 멋쟁이 이미지를 구축할 수 있다. 요즘은 셔츠도 갈수록 타이트하게 바뀌고 있다.

과거처럼 박스 타입의 셔츠를 입으면 유행에 뒤떨어져 보인다. 타이 또한 노멀normal한 것도 필요하지만 가끔은 신선한 인상을 심어줄 수 있는 멋쟁이 스타일로 몇 개는 갖추고 있어야 한다. 명품 타이를 말하는 것이 아니다. 자신의 경제력에 맞게 선택하면 되는 것이다.

명품 타이만이 멋쟁이가 되는 길은 아니다. 젊은 직장인들에게는 트렌디한 타이를 맛 볼 수 있는 좋은 곳을 잠깐 소개하고자 한다. 타이 한 장에 만 원에서 2만 원 정도이므로 부담 없이 다양한 타이를 해볼 수 있는 좋은 곳이다.

이태원 해밀턴 호텔 맞은편 맞춤 셔츠점이다. 길을 따

라 여러 집들이 있으니 들러서 다양한 컬러를 구경하면서 본인의 선호에 맞는 색을 선택하면 된다. 가기 전에 평소 임원들이 어떤 타이를 매는지를 쭉 한번 머릿속에 그려보고 가면 선택하는 데 도움이 될 것이다.

나는 소위 짝퉁을 사기보다는 느낌은 비슷하지만 약간은 디자인이 다른 타이를 선호한다. 그런 타이를 매고 엘리베이터에서 임원들을 만나면 타이가 예쁘다는 소리를 듣게 될 것이다. 맞춤 셔츠에 흠뻑 빠진 적도 있었다. 내 체형에 꼭 맞는 셔츠를 입고 있으면 왠지 모르게 편안한 느낌과 함께 멋쟁이가 된 듯한 느낌이 든다.

회사에서는 평소 정장은 옷걸이에 걸어두고 셔츠만 입고 있는 경우가 많기 때문에 셔츠로 멋을 내는 것도 좋은 팁이 될 수 있다. 맞춤 셔츠의 장점은 본인의 팔 길이, 목 굵기에 딱 맞는 셔츠를 입을 수 있다는 것이다. 나는 목이 굵은 편이고, 팔이 좀 짧아 기성복이 잘 어울리지 않는 체형을 갖고 있어서 맞춤 셔츠가 제격인 사람이다.

셔츠를 맞추다 보면 다양한 재미를 느낄 수 있다. 일단 셔츠에는 자신의 이름을 새길 수 있다. 왼손 소매 끝에 새기는 것이 일반적이며, 가슴 쪽 주머니에 새기는 사람들도 있다. 본인이 원하는 곳에 본인만의 셔츠를 만들 수 있는 것이다. 다양한 옷깃을 연출해볼 수도 있다. 또 가슴 쪽 주머니를 넣을 것인지, 뺄 것인지 등 주름을 한 줄만 넣을 것인지, 두 줄을 넣을 것인지, 핏fit은 타이트하게 할 것인지, 좀 넉넉하게 할 것인지 이런 것을 선택하는 재미도 쏠쏠하다. 전 세계에서 한 장밖에 없는 나만의 스타일 셔츠를 입고 출근하면 짜릿하지 않을까?

남자는 구두와 시계로 멋을 낸다고 한다. 구두와 벨트의 색은 동일하게 맞추는 것이 좋고, 정장 컬러에 맞는 것을 고르는 것이 좋다. 구두는 반짝거리는 것을 선호하는 것은 개인의 취향이지만 먼지가 수북한 것은 피해야 한다. 구두를 잘 닦아 신는 것은 직장인의 기본이라고 생각한다.

명품 시계를 찰 필요까지는 없지만 자신의 스타일에 맞는 시계는 패션의 완성이라고 생각한다. 단순히 시간을 보는 수단을 떠나 정장을 입으면 정장에 맞는, 캐주얼을 입으면 캐주얼에 어울리는 시계 정도는 소유하고 때에 맞게 착용하는 센스는 있어야 한다고 생각한다. 최근에는 핸드폰으로 인해 시계를 차는 사람이 많이 줄었지만, 그래도 멋을 좀 내는 사람들은 깔끔하고 트렌디한 시계 하나쯤은 차고 다닌다.

회사 내에서 가끔 캐주얼 입을 일도 있다. 예를 들면 봉사 활동이나 야유회 등의 일정이다. 그때 자기표현을 어필할 트렌디한 캐주얼 옷도 한두 벌 가지고 있으면 좋다. 칙칙한 동네 아저씨와 같은 인상을 주는 옷을 입고 나타나는 것은 게을러 보이고, 활동성이 없어 보인다. 주말에 가야 할 좋은 자리를 위해서도 캐주얼 몇 벌은 예쁜 것으로 갖추고 있어야 한다.

반복되는 일상으로 회사생활이 재미없다고만 생각하지 말고, 정장이건 캐주얼이건 작은 것이라도 사보고, 해보는 것에서 재미를 찾아가는 것은 어떨까? 나름 신경을 쓰고 출근했을 때 동료가 "오늘은 참 멋진데!"하고 한마디 해주는 것에서도 작은 행복을 느끼게 된다.

칭찬받을 때도 기술이 있다

회사생활을 하다 보면 칭찬을 받는 일도 있다. 이런 칭찬을 받는 것도 기술이 필요하다. 보통은 "별거 아니에요, 특별히 한 것 없어요"라며 자신을 낮추게 된다. 하지만 그간의 본인의 노력을 낮추기만 할 필요는 없다고 생각한다. 잘난 척 하라는 것이 아니라 경우에 따라서는 본인의 장점을 노출할 좋은 기회로 삼으라는 것이다. "이런 업무를 해볼 좋은 기회를 주셔서 감사드리고, 기대에 부흥하기 위해 조금 더 열심히 했을 뿐입니다" 정도면 어떨까? 일단 상사에게 감사를 돌리고, 열심히 한 본인도 인정하며 받아들이는 것이다.

동료들 사이에서도 항상 본인을 낮추기만 하기보다 때로는 본인의 장점을 은근히 어필하는 것도 필요하다고 생각한다. "나는 스피치는 좀 자신 있다" 등의 표현을 통해 스피치를 할 수 있는 기회가 오면 나에게 기회를 달라는 의미를 갖게 되는 것이다. 나는 스피치에 자신이 있다고 했기 때문에 나는 더욱 스피치에 노력을 기울이게 되는 효과도 있을 것이다. 동료들과 일상의 대화에서도 은근히 나의 장점을 노출할 필요는 있는 것이다.

정보가 흘러 다니는 흡연장

회사를 다니다 보면 유난히 회사 정보에 밝은 사람이 있고, 유별나게 정보에 어두운 사람도 있다. 회사의 유익한 정보에 대해 밝을 필요가 있다. 예를 들어 회사 내에서 글로벌 인재를 선발해 해외에 파견할 계획이라든지, 대학원을 보낼 장학생을 선발할 계획을 갖고 있다든지 하는 유익한 정보가 많이 있다.

이런 정보에 밝은 사람은 회사의 기회를 잘 찾아 많이 누린다. 반면 정보에 어두운 사람은 항상 다른 사람의 변화에 부러워하기만 한다. 과연 어느 쪽을 선택할 것인가?

좋은 정보를 얻기 위해서는 항상 안테나를 세우고 있어야 한다. 연관 부서의 정보통과 지속적인 커뮤니케이션을 통해 좋은 관계를 유지하고 있어야 한다. 지속적인 노력과 투자의 결과인 것이다. 업무를 통해서나, 어떤 인연을 통해서든 한번 맺어진 인연을 잘 활용하면 얻을 수 있는 것이 생각보다 많다. 유익한 정보를 신속히 취득하고 그에 맞게 나의 포지셔닝을 적절히 해나가야 나의 커리어가 갈수록 쌓이는 것이다.

반대로 때로는 귀머거리가 될 필요가 있다. 들어서 별 도움이 되지 않는 정보, 해로운 정보는 들어도 듣지 못한 척 할 필요가 있다. 무익한 정보로 인해 고민하고, 걱정하느라 시간을 낭비하게 되는 경우도 많다. 경우에 따라서는 귀머거리가 되어 그런 정보를 나의 뇌에서 완전히 지워버릴 필요도 있다. 유익한 정보 취득에는 자신이 가진 인맥을 총동원하여 활용할 필요가 있으나, 쓸데없는 정보는 과감히 버릴 필요가 있는 것이다.

연말이면 분위기가 어수선해져 업무에 몰두하기 쉽지 않다. 주변에 떠돌아다니는 여러 가지 "카더라 통신"들이 마음을 뒤숭숭하게 만든다. 어떤 자리의 임원이 어떻게 된다더라, 새로 누가 승진을 한다더라 등등. 다 지나고 보면 실제로 맞는 것도 몇 개 없을 뿐만 아니라, 실제로 맞다 해도 내가 동요할 문제는 아닌 경우가 많다. 나에게 큰 의미도 없는 얘기들을 듣고 하느라 나의 소중한 연말을 낭비하고 있는 것이다. 그런 뒤숭숭한 분위기로부터 스스로 자신을 조금 멀리 떨어져 있게 되면 마음도 편하고, 의미 있는 성과도 얻을 수 있는 중요한 때이다.

연말은 한 해를 마무리하고, 새해를 준비하는 중요한 시간이다. 한해 마무리하지 못한 과제가 있다면 정리를 해야 할 때이고, 신년에 새로운 과제를 설정해야 하는 중요한 시점이다. 업무뿐만 아니라, 개인적인 목표와 과제도 설정을 해야 할 때이다. 들뜬 분위기에 밀려서 시간을 낭비하기보다는 되돌아보는 의미 있는 시간을 반드시 갖는 것이 좋다. 연말이 집중하기에 정말 좋은 기회라는 것을 명심해야 한다. 새해가 시작되면 다시 출발선에선 육상 선수처럼 정신없이 뛰어야 할 때이다.

나는 담배를 피우지 않는다. 담배 냄새를 많이 싫어하고, 그래서 담배 냄새에 상당히 민감한 편이다. 흡연자들은 알아야 한다. 간접흡연이 얼마나 싫은지를.

예전에는 사무실에서도 담배를 피우던 시절이 있었다고 들었지만 내가 입사할 무렵에는 사무실에서 담배를 피우는 사람을 볼 수가 없었다. 당연히 사무실에는 재떨

이가 존재하지 않는다. 흡연은 지정된 외부공간에서만 가능하다. 선진국처럼 우리나라도 흡연자의 입지가 갈수록 좁아지고 있다.

하지만 가끔은 흡연자들을 따라 그들이 담배를 피우는 곳에 따라갈 필요가 있다고 생각한다. 흡연자들은 정기적으로 외부로 나가 휴식시간을 만든다. 흡연장은 담배를 피우는 곳 이상의 공간적 의미가 있다. 그곳은 많은 사람들이 사무실에서 나누기 힘든 업무상의 고충을 나누고, 서로를 위로하는 공간이다. 또한 흡연장의 정보는 상상을 초월한다. 흔히들 '카더라 통신'이라는 말도 있는 것처럼, "~라 카더라"는 등의 많은 소문과 정보들이 나도는 공간이 흡연장이다.

시간이 지나고 보면 어떤 정보는 단순한 소문에 그치는 경우도 있지만, 제대로 된 정보인 경우도 허다하다. 정보를 얻기 위해 가는 공간이 아니더라도 가끔은 흡연장에서 선, 후배들과 정을 나누고 그들과 시간을 공유할 필요가 있다고 생각한다. 5분 남짓한 시간 동안 그들 곁에서 커피 한잔을 마셔주는 것만으로도 정은 쌓인다. 물론 담배도 피우지 않는데 매번 따라가서 시간을 낭비하라는 말은 절대 아니다.

한 주에 한 번 정도는 흡연자들이 일어날 때 따라 나서서 그들과 함께 시간을 보내는 것은 그 이상의 가치가 있다고 생각한다. 그들이 담배를 피우는 동안 스트레칭도 하고, 커피도 한잔 하며 리프레시의 시간으로 마음의 여유를 회복할 필요가 있다는 생각이 든다.

두 마리 토끼를 쫓다

모든 사람이 하루에 똑같은 24시간을 쓰고 있지만, 어떤 분야에 남달리 깊은 지식을 가지고 있는 사람이 있는 반면 그렇지 않은 사람도 있다. 두 사람의 차이는 무엇일까?

어떤 사람은 없는 시간도 쪼개 자신의 능력을 키우고 개발하는 반면 항상 일상에 쫓겨 새로운 것을 배울 만한 여유가 없는 사람도 많다. 아니 우리들 대부분이 그렇다. 바쁘다는 말로 변명을 늘어놓을 뿐이다.

삼십대 중반이 넘도록 본인이 어떤 분야에 재능이 있는지 모르고 사는 사람도 많다. 그런 사람은 자신의 재능을 찾기 위해 시간을 쓰고 노력을 하지 않았기 때문이다. 설령 자신에게 재능이 있음을 알았다고는 해도 그런 재능을 키우기 위해 구체적 노력과 시간을 들이지 않아 일반적인 사람으로 남게 되는 것이다.

자신의 재능을 찾기 위한 관련 서적을 읽어 보자. 자기 재능의 전문성을 높여야 한다. 전문성을 높인 이후에는 그것을 키우기 위해 투자를 해야 한다. 방법은 다양하다. 동호회 활동을 할 수도 있고, 주말에 직접 재능을 키우기 위해 시간을 투자할 수도 있다.

직장인은 아침 9시에 출근해서 6시까지는 무조건 자리를 지켜야 한다. 이후에 시간에 의미 없이 TV를 보면서 혹은 친구와 술을 마시면서 시간을 낭비하기보다는 의미 있는 무엇을 찾아 끊임없이 경험을 쌓아야 한다.

나의 재능은 어느 날 갑자기 하늘에서 떨어지는 것이 아니다. 나의 내부에 숨어 있던 것을 찾아내 정성껏 키워야 하는 것이다. 재능은 내가 그것을 할 때 스스로 행복한 것이어야 한다. 행복한 만큼 더 능력은 배가되는 것이다.

100세 시대라고 한다. 50세 혹은 60세 이후에 할 수 있는 새로운 나의 재능도 찾아야 한다. 퇴직 이후를 미리 준비하지 않으면 갑작스럽게 나가야 하는 상황이 되었을 때 막막한 처지에 빠지게 된다. 평생직장의 개념이 사라진 지금, 50대 이후에도 4~5번 이상 직업을 바꾸게 된다.

두 마리 토끼를 잡으려다가 두 마리 토끼를 다 놓친다는 속담이 있다. 하지만 지금은 두 마리의 토끼를 모두 쫓아야 하는 시대이다. 본업에 최선을 다해야 하지만 나머지 시간에는 미래를 준비하기 위한 시간도 내야 한다. 시간이 없어서 준비할 수가 없다는 것은 변명에 불과하다. 좀 더 세밀하게 시간 계획을 짜야 한다. 시간이 없다는 것은 시간을 쪼개지 않았기 때문이다. 시간을 쪼개면 얼마든지 많은 것들을 배울 수 있다.

백수가 과로사를 한다는 농담을 들은 적이 있다. 멀리서 지켜보는 것만으로도 너무나 바쁜 사람이 더 많은 것을 배우려 하고 더 많은 도전을 하고 있다는 것만은 명심해야 한다. 바쁘게 사는 사람이 더 많은 것을 얻게 되는 것이다.

시간이 없어서 영어 공부를 할 수가 없다는 말도 가끔 듣는다. 대학을 졸업한 이후로 영어 공부를 한 적이 없다는 말도 듣는다. 업무에서 영어를 쓸 일이 없으니 굳이 영어를 공부해야 할 필요가 없다는 말은 그저 변명에 불과하다. 좀 더 짬을 내 공부할 시간을 만들어야 한다.

주말에 미드를 보면서 공부할 수도 있다. 학원에 가야만 공부를 할 수 있다고 생각하는 것은 착각이다.

일상의 하루하루에서 공부할 여유를 찾아야 한다. 나는 영어로 된 영화를 보는 게 영어 공부에 가장 좋은 방법이라고 생각한다. 2시간 동안 유창한 발음으로 내 앞에서 떠들어 줄 사람은 영화 외엔 없다. 또한 영화는 기본적으로 재미가 있기 때문에 몰입하기에도 너무나 좋은 수단이다.

나의 예를 든다면, 런닝머신 위를 달리면서 '섹스 앤 더 시티sex and the city'를 볼 때가 가장 행복한 시간 중 하나다. 한국에서는 볼 수 없는 세계 최고의 트렌디한 도시 뉴욕의 다양한 문화와 볼거리들을 보는 것은 눈이 즐겁고, 좋은 영어 표현을 상황에 맞게 배울 수가 있다.

주말에 영어 스터디 모임을 해보는 것도 권하고 싶다. 영어 공부를 하고 싶은 젊은이들이 삼삼오오 모여서 진행하는 영어회화 스터디 모임이 인터넷에 넘쳐난다.

회사를 벗어나 다양한 경력을 가진 다양한 사람들을 만날 수 있는 정말 좋은 기회라고 생각한다. 나는 일요일 오전 12시에 모여 3시까지 강남의 한 카페에서 4~5명이 모여 스터디를 하곤 했었다. 다음 주까지 준비해야 할 분량을 정해 주고, 다음 시간까지 개인적으로 준비를 한 후 그 주의 머티리얼을 각자 출력해 공부를 했었다. 일요일 집에서 그냥 낮잠으로 때울 수도 있지만, 유익하고 행복한 시간이었다.

요즘은 영어만 하는 것으로는 부족해 제2외국어가 필수가 되어가는 시대이다. 시간적 여유가 없어서 공부할 시간이 없다고 하지 말고, 중국어, 일본어, 불어 등 다양한 언어를 배워 보자. 여행을 가보면 언어가 얼마나 필요한 것인지를 느끼게 될 것이다. 너무 거창하게 생각할 필요까지는 없다. 유창한 수준까지 해야 한다고 부담을 가질 필요도 없다. 인사를 건네고, 물건을 사고, 길을 물을 수 있는 수준만 되어도 좋지 않은가. 이웃나라 말인 중국어, 일본어 정도는 조금 할 수 있어야 하지 않을까? 길을 묻고, 음식으로 시키고, 여행길에서 만난 사람과 가벼운 대화를 나눌 수 있다면, 여행은 한층 더 즐거워질 것이다. 지금 당장 새로운 언어를 배우는 도전을 시작해 보자.

언어 말고도 준비하고 배워야 할 것은 너무나 많다. 대학을 졸업하고 본인의 재능을 찾아볼 틈도 없이 직장에 다니고 있는 사람이라면 제2의 인생에서는 진정으로 본인이 무엇을 할 때 가장 행복한지를 찾는 데 많은 노력을 기울여 보는 것이 필요하다. 제2의 인생에서도 재미없는 삶을 살 수는 없지 않은가.

행복해질 만한 것을 찾았다면 가만히 있어서는 안 된다. 관련된 책들을 읽으면서 전문성을 높여야 하고, 그이후는 경험을 해봐야 한다. 와인을 좋아해서 와인바를 하고 싶은 사람이라면 와인 관련 서적을 미리 읽어본후, 와인바에서 일을 해볼 필요도 있을 것이다.

주말에 몇 시간 아르바이트를 해보는 것도 좋다. 경험을 해보았을 때 비로소 보이는 것들이 많을 것이다. 내가 하고 싶어 하는 와인바는 시장성이 있는지, 장소는 어디에 하는 것이 좋은지, 손님은 많은지 등등 경험을 해봐야 만 배울 수 있는 것이 너무나 많다. 생각만으로 사업을 시작해 보는 것은 너무나 위험한 발상이다. 경험을 쌓고 여러 차례 심사숙고를 해보고 나서 도전을 해보아야 한다.

제2, 3의 인생에서는 돈을 버는 것도 중요하지만, 행복한 것들을 찾아 행복하게 일할 수 있어야 한다. 아직도 자신이 무엇을 좋아하는지, 어떤 재능을 가지고 있는지 잘 모르겠다면 리스트를 작성해보고 하나씩 해보면서 재능을 찾아보는 것은 어떨까?

시간을 쪼개 두 마리, 세 마리 토끼를 쫓아야 한다. 이 것이 100세 시대를 준비하는 우리의 자세가 아닐까?

모르는 사이에 서서히 침몰하는 배

내가 신입사원이던 시절 10년차 선배들이 했던 말이 기억이 난다.

"너희들은 이해하지 못하겠지만, 10년차쯤 되면 회사에서 너를 내보내려고 시뻘건 눈으로 쳐다볼 거야."

10년이라는 시간이 흘렀다. 올해로 입사한 지 14년차다. 나도 내가 이렇게 오래 회사에 다니게 될 줄은 정말 몰랐다. 하지만 그 시절 선배들이 했던 말이 이해가 간다. 최근 5년 선배인 분들이 회사를 떠나는 모습을 보면서 나도 이제 얼마 남지 않았구나, 하는 생각을 하게 되었다. 앞으로 5년 뒤 회사에서 꼭 필요한 사람이 되지 않으면 나도 그들처럼 회사에서 갑작스런 퇴직 통보를 받게 될지도 모른다. 생각만 해도 끔찍한 상황이다. 다른 누구로 나를 대체할 수 없는 나만의 청룡언월도를 갖고 있지 못하다면 머지않아 일어나게 될 일이다. 누군가 연봉이 더 적은 사람으로 대체될 것이다. 나 자신만이 가지고 있는 브랜드를 만들고 키워나가야 한다.

지금은 내가 있는 이 자리가 내게 어떤 의미를 가지고 있는가를 냉정하게 생각해보아야 한다. 장기적인 커리어에 도움이 되고 배울 것이 많은 자리인가, 그저 현실에 안주하고 있을 뿐인가. 냉정한 평가를 통해 플러스보다 마이너스가 많은 자리라면 나에게 적합한 배로 갈아타야 한다. 자신이 타고 있는 배가 서서히 가라앉고 있음에도 아무것도 느끼지 못하는 사람들이 생각보다 많다.

현재의 자리에서 잠시 물러나 자신이 있는 위치를 되돌아보는 시간이 필요하다. 개구리를 냄비에 넣고 서서히 물을 끓이면 튀어나오지 않고 죽는다. 시간이 흘러갈수록 물은 서서히 데워지고 있고, 우리는 냄비 속에 있는 개구리와도 같다. 냄비에서 언제 빠져나갈 것인지 인식하고 있어야 한다.

한 분야에서 전문가가 되는 것도 중요하지만, 다양한 업무를 통해 좀 더 넓은 시야를 키우는 것도 필요하다. 내가 있을 자리는 어떤 자리인지를 냉정히 평가하고 내게 맞는 자리를 찾아가는 것도 능력이다.

나는 앞에서 회사를 옮기는 갑작스런 액션보다는 회사 내부적인 이동을 우선 고려해 보는 것이 좋다고 했다. 이런 시점에 반드시 필요한 것은 자신이 어떤 일을 할 때 가장 행복하고 즐거운지를 생각해 볼 필요가 있다는 것이다. 단지 현실을 도피하기 위해서 이동을 고려한다면 머지않아 다시 이동을 고민해야 할 시기가 오기 마련이다.

자신이 있는 포지션에 불만을 갖고 있던 후배로부터 상담 요청을 받았던 적이 있다. 이동을 하고 싶다면 불평불만을 털어놓는 대신 이동하기 위한 액션을 취해야 한다고 충고해 주었다. 하지만 그보다 중요한 것은 어디를 가고 싶은지를 명확하게 정해야 한다.

그 후배는 자신을 필요로 하는, 자기를 끌어 줄 사람이 없다고 말했고, 오라는 데가 있으면 어디로든 가겠다는 태도를 취했다. 그는 결국 부서 이동을 했는데, 처음엔 만족하는 듯 했지만 몇 개월 뒤에는 똑같은 고민을 다시 하고 있다. 정말로 가고 싶다는 뚜렷한 목표를 가지고 있지 못했기 때문이다.

이동을 할 때 무엇보다 중요한 것은 자신이 해보고 싶

은 업무, 혹은 하고 싶은 업무에 대한 명확한 결정이 필요하다. 뚜렷한 목표 없이 일단 여기만 벗어나고 보자는 동기에서 실행하는 이동은 시간만 낭비하는 결과를 초래한다.

이동을 하기 전에 해당부서 선후배를 통해 이동할 부서의 업무가 자신이 생각과 같은지 미리 인터뷰를 해볼 필요가 있다. 밖에서 보는 것과 실제 내부에 있는 사람의 생각은 많이 다를 수 있다. 다양한 사람들의 의견을 들어보고, 이동하는 게 좋겠다고 판단되면 그때 이동하면 된다.

현재의 상사 혹은 업무가 맞지 않는다고 회사를 옮겼다가 후회하는 케이스들은 아주 흔하다. 회사 내부 이동은 기존의 인맥을 통해 부서의 특성이나 상사의 성향을 파악하는 등의 정보 취득이 가능하기 때문에 충분히 파악해서 이동할 수 있다.

하지만 다른 회사로 이동하는 것은 이보다 훨씬 어렵다. 막상 옮겼을 때 생각했던 경우와 많이 다른 경우가 허다하다. 내가 가서 맞추어야 하는 것이지만, 경력 이동은 해당 회사에서도 기대가 크기 마련이다. 오자마자 원하는 성과를 올릴 것이라고 기대한다. 만약 기대하는 성과를 내지 못하면 강한 피드백을 받게 될 것이다.

경력사원은 그만큼의 책임이 따르는 자리이다. 이런 면에서 대기업이 다른 회사보다 강점이 있다. 경력사원 이동 후에도 만약 부서가 본인과 맞지 않으면 내부적으로 적당한 자리를 찾아갈 수 있기 때문이다. 하지만 외국계 회사처럼 규모가 작은 회사는 이동이 좀 어렵다. 그 부서에서 기대하는 성과를 내지 못하면 다시 다른 회사로 옮겨가야 한다. 그래서 외국계 회사의 이직률이 높다.

내 주변에서도 다른 회사에서 큰 기대를 가지고 왔다가 기대하는 성과를 내지 못해 다른 부서로 이동하는 경력사원을 본 적이 있다. 아마도 그는 그 자리에서는 성과를 내지 못했다고 하더라도 다른 자리로 이동해 충분한 성과를 낼 수 있을 것이다. 이동을 통해 자기에게 맞는 자리를 찾아가는 것이 필요하다.

내 인생의 사업계획도
회사 사업계획처럼

회사에서는 연말 혹은 연초가 되면 새해의 사업계획을 수립한다. 팀원이 모두 모여 한 해 사업을 잘 하기 위한 방안들을 연구한다. 하지만 정작 중요한 내 인생에 대해선 연간 사업계획을 수립하지 않는다. 그 시즌이 더 바쁘기 때문에 더 그럴 수도 있다.

개인의 사업계획도 아주 중요하다. 사실 회사 사업계획처럼 거창하게 포장할 필요가 없기 때문에 마음의 여유만 가지면 10분 정도라도 충분히 할 수 있다. 올해에 반드시 해야 할 일들의 우선순위를 정하고 기한을 정하는 것이다.

드라마 '여인의 향기'에서 김선아가 버킷 리스트를 작성하고 실천하는 것이 화제가 된 적이 있었다. 나는 올

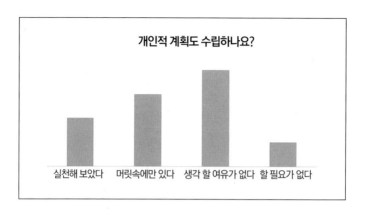

개인적 계획도 수립하나요?

실천해 보았다   머릿속에만 있다   생각 할 여유가 없다   할 필요가 없다

해 초, '알렉스의 버킷 리스트'를 작성했다. 알렉스는 내 영어 닉네임이다. 가수 알렉스처럼 여자들에게 부드럽고 자상한 이미지를 어필하고 싶어서 지은 이름이다. 여자에게 잘 보이고 싶은 남자의 마음은 당연하니까.

버킷 리스트에는 우선 1. 작성일 2. 리스트 3. 기한 4. 실천일을 표시한다. 한 번 적은 리스트는 1년 간 지속적으로 업데이트한다. 한 번 적고 끝나는 것이 아니다. 꼭 거창한 것만 적을 필요는 없다. 실천하기 쉽지 않은 것도 적고, 사소한 것도 적는다. 기한을 표시하면 실천하기에 한결 수월해진다. 그 안에는 목표로 삼은 체중도 있고, 배우고 싶은 언어도 있고, 이 글을 쓰는 것도 포함되어 있다.

중요한 것은 지속적으로 업데이트를 통해 실천을 해

나간다는 것이다. 회사의 직원으로 일하면서 회사의 사업계획도 중요하지만 나의 연간계획도 수립하고 지속적으로 진도 체크를 해가며 살아야 하는 것이다.

나는 지난 해 초에 다섯 가지 개인과제를 수립했다. 연말이 된 시점에서 돌아보니 세 가지는 이루었고, 두 가지는 진행 중이었다. 연초에 다섯 가지 과제를 작성해 적정 시점에 과제 진도를 확인했고, 그 성과로 세 가지를 이루게 된 것이다. 세 가지 과제도 사실 연초에 잡으면서 과연 이룰 수 있을까 하는 반신반의하는 마음으로 준비를 했으나, 과제명으로 작성을 했기 때문에 이룰 수 있었다고 생각한다.

누구나 하루에 똑같은 24시간을 살지만 그 시간을 두 배로 사용하는 사람은 반드시 있기 마련이다. 한 마리 토끼를 쫓으면서 헐떡이는 사람보다는 두 마리 토끼를 동시에 쫓는 부지런히 사는 사람이 되어 보는 것은 어떨까?

회사가 인생의 전부는 아니다. 회사는 내 인생의 일부이다. 일부만을 쫓는 데 정신을 팔아 정작 중요한 나의 인생, 나의 주변 사람을 놓치고 있는 것은 아닌지 고민해봐야 한다.

회사에서 주는 것은
월급만이 아니다

월급쟁이의 연봉 인상률은 늘 불만족스러울 수밖에 없다. 매년 한 자릿수라도 꾸준히 오르는 회사는 정말 견실한 회사다. 신입사원 때나 입사한 지 10년차일 때나 사실 월급에는 커다란 차이가 없다. 산업군에 따라서 많은 차이가 있기는 하나 제조업에 종사하는 나로서는 임금 증가보다는 다른 것에서 회사가 주는 것이 더 많다고 생각한다. 회사에 다니다가 개인사업을 하는 친구들은 월급쟁이 시절을 그리워하기도 한다.

우리와 같은 월급쟁이는 당연히 자유롭고 소득이 높은 그들이 부럽다. 하지만 대부분의 사업자는 월급쟁이의 안정적인 급여를 부러워하기도 한다. 많은 사업자가 월급쟁이보다 더 적은 소득으로 어려움을 겪는 경우도 많이 보았다. 많이 벌기도 하지만 적자가 날 때도 있는 것이고, 그들이 겪는 스트레스는 월급쟁이보다 훨씬 심할 것이다. 회사에서는 상사에게 질책을 받아 힘들어도 월급날이 되면 고정된 소득이 통장에 들어오기 때문에 또 위안을 삼게 되는 것이다.

자기 소득에 만족하는 사람은 없을 것이다. 100만 원 버는 사람은 200만 원 버는 사람이 부럽다. 500만 원 버는 사람은 1,000만 원을 벌면 얼마나 좋을까, 하고 부러워할 것이다.

하지만 삶의 질에서는 사실 큰 차이가 없다. 조금 더 버는 사람도 먹고 마시고 하는 데는 큰 차이가 없다. 현재 내가 먹는 것보다 아주 약간 더 좋은 것을 먹고, 혹은 한 번 정도 더 먹는 정도일 것이다.

이렇게 생각하면 돈이 없어서 못 먹는 것이 아니라 마음의 여유가 없어서 항상 빈곤하다고 느끼는 것이다. 한 달에 200만 원을 버는 사람이나 500만 원을 버는 사람이나 큰 차이가 없다. 자기 소득 한도 내에서 효율적으로 가치 있게 돈을 쓰고 미래를 위해 저축을 하는 것이다. 500만 원을 벌면 저축을 많이 할 것 같지만 실제로 그렇지 않다고 한다. 항상 남의 떡이 커 보이는 것이다.

회사에서 주는 것은 월급만이 아니다. 내가 혼자 일을 하는 것보다는 좀 더 큰 규모에서 시스템을 익히고 선배로부터 노하우를 쉽게 얻게 되는 것이다. 사람을 만날 때도 명함에 새겨진 회사 이름과 직함으로 당당해질 수 있는 것이다. 그것도 가치를 매길 수 없는 커다란 것이다. 좋은 회사일수록 좋은 복지제도를 많이 갖고 있기도 하다.

대학을 졸업하고 바로 자영업을 하는 것보다는 회사에서 그 산업에 대한 경험을 쌓고 지식을 축적하는 것도 돈으로 매길 수 없는 가치라고 생각한다.

인생은 마라톤이다. 지금 당장 조금 더 버는 것도 중요하지만 더 멀리 뛰기 위한 준비를 하는 것도 중요하다. 회사에서는 지식도 가르쳐 주지만 사람과 관계를 만들어가는 방법 또한 자연스럽게 배우게 된다.

아랫사람으로서 윗사람을 대하는 방법, 후배들을 리드하는 방법 등 학원에서 돈을 들여서도 배울 수 없는 것들을 회사에서는 무료로 아니 월급까지 주면서 배울 수 있게 해 준다. 다양한 사람들을 만나면서 다양성을 체득하게 되며, 다른 사람의 모습을 보면서 나의 가정의 모습도 모델링하고 고쳐 나갈 수 있는 것이다. 어려움을 겪을 때 조언을 해줄 친구가 항상 옆에 있고, 즐거울 때 함께 할 동료가 항상 내 옆에 있는 것 또한 가치로 매길 수 없는 소중한 것이라고 생각한다.

상사에게 꾸지람을 듣더라도 피드백을 통해 내가 성장할 기회를 찾아야 한다. 일찍 출근하라고 야단을 들음으로 인해서 내가 보다 규칙적인 생활을 하게 되고 부지런하게 되는 것이다. 이해할 수 없는 이유로 나를 괴롭히는 상사를 통해 인내를 배우게 되는 것이다. 그렇게 배운 인내는 인생을 살면서 커다란 자산이 될 것이다. 인내는 가족 혹은 친구들과의 관계에서도 상당히 중요하다. 하고 싶은 말을 혹은 나의 감정을 드러내고 싶지만 그것을 참음으로 인해 그때 하지 않길 잘했다고 생각할 때가 많을 것이다.

그 외에 회사에서 제공하는 다양한 복지제도 또한 한 몫을 한다. 친구 회사는 이런 것이 있는데 우리는 이런 것이 없어 하고 불만만 토로하고 끝낼 것이 아니라, 메모를 해두었다가 기회가 있을 때 회사에 건의를 해서 복지제도를 진화시키는 것 또한 직원의 몫인 것이다.

항상 월급이 적다고 불평하기보다는 회사에서 내가 누릴 수 있는 다른 것은 없는지 찾아보는 것이 훨씬 생산적이다. 항상 내 옆에 있어서 잊고 있지만 회사에서 누릴 수 있는 것이 무척 많다는 것을 알아야 한다. 내가 다니는 회사도 내가 처음 들어왔을 때보다는 좋아진 것이 훨씬 많아졌다. 이런 것들은 누리는 자만의 몫이다.

회사에는 직원들의 편의를 위해서 하고 있는 액티비티activity들이 많다. 그 리소스resource를 잘 활용하는 사람도 있지만 그런 것에 아주 둔감한 사람도 많다. 권리 속에서 잠자는 사람이 되지 말고, 누릴 수 있는 혜택을 찾아 최대한 활용하는 것이 좋다. 회사에서 하는 이벤트에도 다른 사람의 것으로 생각하지 말고 최대한 참여를 해보는 것이 좋다. 그런 것이 회사생활의 작은 재미가 되는 것이다.

건강검진도 직장인으로 누리는 커다란 혜택 중에 하나다. 자영업을 하는 사람은 시간을 내어서 자가 건강진단을 하는 것이 쉽지 않다. 회사에서 하는 건강진단도 대충 하기보다는 정확한 검사를 위해 본인의 적극적인 노력이 필요하다.

평소에 누구나 건강을 챙기려는 마음은 있지만 오래가지 못한다. 건강검진은 직장인에게 정말 좋은 기회이다. 이것을 억지로 받는다고 생각하지 말고 나의 건강을 체크하는 변화의 기회로 삼는 노력이 필요하다.

어학학습 지원을 하는 회사도 많다. 회사의 지원을 최대한 활용해 새로운 언어를 익히고 그런 언어가 나중에 또 다른 기회로 작용할 수도 있는 것이다. 준비된 자만이 누릴 수 있는 기회인 것이다.

그 외에도 아는 자만이 누릴 수 있는 좋은 기회들이 많다. 헬스장 이용, 사내 직원 할인제도, 콘도 이용권, 도서구매 지원 등 회사에 따라 차이는 있으나 다양한 제도들이 존재한다. 잘 찾아 하나씩 이용해보자.

직장생활을 통해
얻은 것과 잃는 것

사업을 하는 친구는 마냥 행복하기만 할까? 그렇지는 않을 것이다. 어쩌면 직장인보다 더 많은 고민을 하고, 더 많은 리스크를 안은 채 살고 있을지도 모른다. 직장인은 사업하는 친구가 부럽고, 사업을 하는 친구는 직장인이 부럽다. 서로가 가지 않는 길을 부러워하는 것이다.

길을 걷다가 고등학생이나 대학생을 보면 어떤 생각이 먼저 드는가? 부럽다는 생각이 먼저 든다. 그 시절이 얼마나 소중하고, 중요한 시기인지 몰랐기 때문에 낭비한 시간을 후회하고 다시 돌아갈 수만 있다면 정말 열심히 살고 싶다고 생각을 한다.

하지만 우리가 그 시절에 마냥 행복했던가? 당시에는 나름의 고민으로 방황하고 걱정하면서 살았던 것이다.

마냥 신나고 행복한 시절은 아니었던 것이다. 다시 돌아갈 수 없기 때문에 서로 부러워하는 것이다. 그들은 직장생활을 하는 나의 모습을 오히려 부러워 할 수도 있다. 같은 감정이라고 보면 된다.

직장생활을 하면 개인사업자보다는 안정적 소득을 얻을 수 있다. 또한 자본을 투자할 필요도 없다. 한 달에 500만 원을 버는 사업을 하는 친구를 부러워할 필요가 없다. 그 친구가 그 사업을 하기 위해 3억 원을 투자해서 그만큼의 소득을 얻고 있다면, 투자자본 없이 400만 원을 버는 내가 더 효율적인 것이다.

결혼 적령기인 사람들은 특히 안정적인 직장을 갖는 것이 얼마나 중요한지를 잘 알 것이다. 어정쩡한 사업을 하는 것보다는 적정한 네임밸류name value를 가진 회사에 다니는 상대를 더 선호한다. 안정적인 소득원뿐 아니라, 회사가 주는 후광효과가 충분히 존재하는 것이다. 요즘은 남자들도 직장 없는 배우자보다는 직장 있는 사람을 선호한다.

반면 직장생활을 통해 잃는 것도 있다. 직장생활을 하면서 투잡two job을 한다는 것은 쉽지 않다. 본인이 속해 있는 산업군 외의 업종에 대한 정보가 취약해질 수밖에 없다. 그래서 많은 직장인들이 퇴직 후에도 기존 업종과 비슷한 일을 찾아서 제2의 인생을 시작하는 것이 안정적인 것이다. 회사를 다니는 동안 경험도 쌓고, 인맥도 넓혀서 그 이후의 리스크를 최대한 줄이고자 하는 것은 현명한 준비이다.

자투리 시간 활용하기

　'시골의사 박경철'님은 다섯 사람 이상 몫의 인생을 사는 사람으로 유명하다. 의사, 경제인, 방송인, 작가이기도 하다. 당연히 그의 일상은 매우 바쁘게 돌아간다. 그렇게 바쁜 일상에서도 책을 읽고 글을 쓰는 것은 자투리 시간을 이용하는 데 있다. 자투리 시간은 생각보다 집중력이 상당히 높다. 그 시간을 이용해 의미 있는 무엇인가를 한다면 충분히 좋은 성과물을 만들 수 있다.

　나는 집에서 회사까지 30분 정도 버스와 지하철을 갈아타고 출근을 한다. 그 30여 분의 시간에 잠을 자거나 스마트폰을 들여다보는 대신 책을 읽는다. 그 시간이 모여서 한 권씩 책을 읽어낼 때마다 나도 모르게 놀라곤 한다. 책은 시간을 내 읽기보다 틈이 날 때마다 자주 읽는 게 더 좋은 것 같다. 지하철 출퇴근 시간에만 책을 읽어도 한 달에 2권은 읽을 수 있다. 한 달에 2권씩 읽으면 1년에 24권을 읽는 것이다.

점심시간을 이용해 성악을 배우는 안과의사를 텔레비전에서 보았던 적이 있다. 그는 벌써 7년째 점심시간의 자투리 시간을 이용해 성악을 배웠고, 그 자투리 시간이 쌓여 콘서트도 하고 이젠 성악가로서의 목표도 이루었다. 새벽에 한 시간 일찍 일어나 복싱도 배우고 있는데, 복근 강화를 통해 폐활량을 키워 노래를 잘하기 위한 것이라 한다. 바쁜 일상에서 자투리 시간을 이용해 노래를 부르며, 두 사람의 인생을 살고 있는 것이다.

전화로 영어를 배우기 시작한 지 4년이 되었다. 일주일에 세 번 10분씩 영어로 대화를 나누는 시간이지만, 이것이 쌓여서 영어에 대한 자신감을 얻을 수 있게 되었다. 언어의 출발은 자신감에서 오는 것이다.

전화 중국어 공부도 시작했다. 어느덧 2년을 넘어 3년째로 접어들고 있다. 중국어는 매일 하루에 10분씩 수업이 진행된다. 때론 바쁜 일상에 귀찮게 느껴질 때도 있지만 언젠가 지금 배운 중국어가 도움이 될 날이 올 것이라는 기대를 가지고 꾸준히 학습을 이어가고 있는 중

이다. 2년 넘게 배운 중국어도 꽤 쌓인 것 같다. 하루 10
분이 모여 큰 산을 만들어 가고 있는 것이다.

3개월 전부터는 전화 일본어도 시작을 했다. 어떤 때
는 하루에 3개의 전화 수업을 하다 보니 정신이 없이 바
쁘고 귀찮게 느껴질 때도 있다. 하지만 하루를 마치고
잠이 들기 전이면 오늘도 나 자신을 위해 소중한 시간을
쓰고 있다는 생각으로 행복감을 느낀다.

내가 전화 수업을 좋아하는 건 수업을 듣기 위해 오
고가는 시간을 들이지 않아도 되고, 장소의 구애를 받
지 않기 때문이다. 시간 소모가 적기 때문에 지속적으로
하는 데 어려움이 적다. 올해 초에는 점심시간을 활용해
학원에서 일본어를 배워 보기도 했다. 전화 영어와는 달

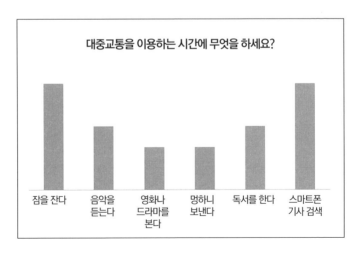

리 하루에 학습하는 시간이 40분이어서 수업을 따라가려면 예습과 복습이 많은 필요했다. 결국 두 달을 다니다가 그만두었다. 나중에 시간이 많을 때 꼭 도전하겠다는 다짐과 함께.

반면 전화 수업은 하루에 10분씩 수업을 진행하기 때문에 예습 복습에 대한 부담이 많지 않다. 내게는 전화 수업이 잘 맞는 것 같다. 저마다 개인에게 맞는 학습법을 찾아서 지속적으로 한다면 좋은 성과가 나타날 것이라 생각한다.

짧은 시간의 독서는 그만큼 강한 집중력으로 몰입할 수 있어서 좋다.

메모하는 습관

어느 순간부터 깜빡깜빡하는 버릇이 생겼다. 무엇인가를 하기 위해 컴퓨터 화면을 열었는데, 여는 순간 왜 열었는지 기억이 나지 않는 경험도 해보았다. 인정하기는 싫지만 나에게도 노화가 시작되나 보다.

하지만 이런 건망증을 이기는 방법이 있다. 가장 좋은 방법이 메모다. 업무용, 개인용으로 구분하여 해야 할 일들을 기록하고, 마무리가 되었을 때 삭제하는 것을 반복해야 한다. 사소한 것들도 기록으로 남기면 훨씬 유용한 것들이 많다.

모든 업무에는 기한을 명확히 해야 한다. 해야 할 일에는 반드시 기한을 적어 기한에 늦지 않게 마무리를 해야 하는 것이다. 나도 신입사원 시절에는 회사 업무에 밀려 개인적으로 해야 할 일들을 잊어버리는 경우가 허다했다. 업무적으로만 메모를 하고 개인적인 일에 대해서는 메모를 하지 않은 탓이다.

하지만 두 가지 분류로 나누어 메모를 하고부터는 그런 일이 완전히 사라졌다. 업무처럼 개인적인 일도 중요도에 따라 우선순위를 정하고 기한을 표시하면 놓치지 않고 처리를 할 수 있다.

요즘은 스마트폰이나 컴퓨터를 통해서 개인 일정관리를 할 수 있어서 아주 편리하다. 하지만 나는 아직도 캘린더에 기록하는 것을 고집하고 있다. 스마트폰은 휴대가 간편하다는 장점이 있으나 필요할 때 열어서 보아야만한다는 단점이 있다. 하지만 책상에 놓인 캘린더는 항상 열려 있다. 업무를 진행하면서 수시로 체크해서 기한을 리마인드 시킬 수 있다.

나는 개인적으로 많은 계획을 세우며 살고 있다. 한창 다이어트를 할 때는 매월 달성 목표를 캘린더에 맨 앞에 기록하여 지속적으로 자극을 통해 7개월 동안 10킬로그램을 감량한 적도 있었다. 매월 무리하지 않으면서 실행 가능한 목표를 세워 실천한 결과이다. 매월 1~2킬로그램 감량을 목표로 세웠었다.

이 글을 쓰는 것도 마찬가지이다. 최종기한을 정하고, 월간목표를 표시하고, 다시 그것을 주간목표로 나누어 표시를 해두었다. 주간목표를 달성하지 못했을 때에는 주말에 집에서 작성하기도 했다. 만약 이런 구체적 계획을 세우지 못했다면 10년 동안의 직장생활의 기록을 책으로 남겨 보자는 나의 계획은 실행되지 못했을 것이다.

"셋"

- - - - - - - - - - - - - - - - - - -

나를
행복하게 하는
것들을 위하여

오춘기의 직장인,
행복은 저절로 오지 않는다

오춘기 직장인들은 누구일까? 상사는 탁월한 업무 능력으로 후배들을 이끌어 가는 선임을 원하고, 후배들은 솔선수범하면서 명확하게 가이드를 해주는 선배를 원하는데, 오춘기 직장인들은 바로 이들 사이에 끼여 어려운 시기를 보내는 세대다.

새로운 변화에 재빠르게 적응해 치고 올라오는 후배들을 보면 불안하지만, 머리는 둔해지고 체력도 떨어져 빛의 속도로 변하는 시대의 흐름을 따라잡기에도 벅차다. 그나마 그동안 쌓아온 업무 능력으로 후배들을 리드해야 할 위치에 있지만 사실 특별한 노하우라고 할 만한 것도 가지고 있지 못하다.

업무를 떠나 직장 내 인간관계에서도 쉽지 않다. 가슴

에 대못을 치는 상사의 언행을 참아내야 하고, 조금만 잘 해 주면 상투를 잡으려 드는 후배도 마냥 편하지만은 않다. 매일매일 같은 사람들과, 같은 자리에 앉아 하루를 보내는 시간은 행복과는 한참 거리가 먼 것 같다. 한 번쯤 자신에게 물어보자.

"나는 지금 행복한가?"

일요일 오후, SNS를 들여다 보면 월요일이 싫다는 글들이 자주 눈에 띈다. 사는 게 너무 재미없다고 생각하는 사람들이 의외로 많은 것 같다. 행복한 것처럼 보이는 사람을 부러워하면서도 정작 자신이 행복해지려는 노력은 하지 않는 사람들도 많다. 그저 반복되는 일상에 떠밀려 시간을 흘려보낼 뿐 행복해지기 위해서는 아무런 노력도 하지 않는다.

행복하게 보이는 사람들을 가만히 지켜보라. 그들은 자신이 좋아하는 무엇인가를 찾아내고 실천하는 사람들이다. 물론 사람마다 자신이 무엇을 해야, 무엇을 성취해야 행복을 느끼는지 각자 다르기 마련이다. 그래서 어떻게 그것을 찾아내야 하고, 어떻게 그 길을 찾을 수 있는지 다른 사람이 가르쳐 줄 수는 없다. 행복은 스스로 길을 떠나 찾아야 하는 것이기 때문이다.

게다가 어찌어찌 행복을 느끼는 그 무엇인가를 찾았다고 해도 그 행복이 영원히 계속되리라는 보장도 없다. 대부분의 행복에는 유통기한이 붙어 있기 때문이다. 행복의 요소는 시시각각 변하고, 지금 내게 행복을 가져다 주는 것들이 시간이 흐르게 되면 무의미한 요소로 변질될 수도 있다. 즉 행복은 끊임없이 찾아내고 가꾸어야만 하는 살아 숨 쉬는 생물과 같은 것이다.

가까운 지인 중에서 골프에 미쳤던 선배가 있다. 그 선배는 주말만 되면 새벽 네 시에 일어나 골프장으로 향했다. 골프장으로 자동차를 몰고 갈 때마다 그는 더없는 행복을 느꼈다고 했다. 복잡한 도시를 벗어나 푸른 녹음과 잔디밭이 펼쳐진 골프장에서 공을 친다는 생각만으로도 그는 더없이 행복했다. 당연히 골프 채널에 고정된 TV뿐 아니라 그가 가진 모든 여유시간을 채우는 기본은 골프였다. 그는 골프를 통해 행복을 느꼈던 것이다.

그러던 선배가 언제부터인가 조금씩 골프에 대한 흥미를 잃기 시작했다. 2년 가까이 광적인 열정을 가지고 몰입했지만 차츰 골프에 대한 에너지가 바닥나기 시작했고 이제 행복해지기 위한 새로운 요소를 찾아야 할 때가 되었던 것이다.

그 선배가 새롭게 찾은 세계는 자전거 라이딩이었다. 그는 주말이면 자전거를 타고 한강공원이나 교외의 한적한 길을 달렸다. 그리고 바람을 가르며 자전거를 타고 달릴 때 가장 행복하다고 말했다. 하지만 자전거가 가져다 주는 행복도 유효기간은 있었다. 1년이었다. 이제 그는 자전거를 타는 게 더 이상 가장 행복한 순간은 아니라고 했으며, 스쿠버 다이빙을 새롭게 시작했다. 그는 물속에서 물고기들과 헤엄치며 대화할 때 가장 행복하다고 한다.

행복은 한 곳에 머물러 있는 것이 아니다. 새롭게 행복을 느낄 요소를 찾지 못하면 다시 행복하지 않던, 무료한 시절도 돌아가고 만다. 행복하게 살기 위해서는 지속적으로 행복할 거리를 찾으려는 노력을 계속해야 한다.

'행복은 멀리 있지 않다'는 말은 진부하다. 그러나 진부해진 만큼이나 진리를 품고 있다. 행복은 내 주변에서 나 스스로가 직접 발견해 나가는 것이기 때문이다. 행복은 커다란 무언가를 이루는 것에서 오는 것이 아니라는 말 또한 진부하다. 하지만 이것 역시 사실이다. 행복은 하찮고 작은 것에서 시작되기 때문이다.

따스한 햇살을 쬐면서 행복을 느낄 수 있는 것이고,

여유롭게 홀짝거리는 한잔의 커피에서도 행복을 느끼고, 주말에 맛있는 음식을 함께 먹으며 이야기를 나눌 수 있는 사랑하는 사람들이 곁에 있어 행복한 것이고, 바람을 맞으며 자전거를 탈 수 있어서 행복한 것이다.

행복은 거창하지 않다. 거창한 것에서 행복을 찾으려고 하면 오히려 행복해질 수 없다. 사실 이런 이야기들을 모르는 사람은 거의 없을 것이다. 하지만 알고 있는 것과 몸으로 느껴 삶 속에서 실천하는 것은 전혀 다른 문제다. 작심삼일이라는 말처럼 우리는 이런 생각들을 계속해서 환기해야 하고 끊임없이 실천해야 한다. 다른 것도 아닌, 자신이 행복해지기 위함이 아니던가. 그러니 행복한 요소를 찾을 때마다 "아 행복하다"고 스스로에게 속삭이는 일부터 해보는 것은 어떨까?

그렇게 몸에 밴 습관으로 행복해지기 위한 노력을 해나가야 한다. 행복은 어느 누구도 나를 대신해서 찾아줄 수 없다. 지금 당장 스스로의 행복을 발견하기 위한 여행을 떠나야 할 이유가 아닐까 생각해 본다.

월요일이 기다려지는 나,
비정상인가요?

일요일 저녁, 주말이 저물어 간다. 개그콘서트를 보며
웃다가 자신도 모르게 가슴이 답답해지고 묵직하게 조
여든다.

'아, 다시 월요일이구나.'

직장에서 보내는 하루하루의 시간은 아쉽지가 않은데,
주말은 왜 이렇게 시간이 빨리 지나가는 것인지…. 주말
시간은 늘 아쉽게 흘러가고, 일요일 저녁부터 월요병이
도져 SNS마다 한숨소리가 높아진다. 심한 경우에는 월요
일 출근 생각에 가슴이 답답해져서 잠을 이루지 못했던
경험도 해본 적이 있다.

그럼에도 불구하고, 개그콘서트를 보면서 월요일 아침
이 기다려지는, 소풍을 기다리는 아이처럼 설레는 마음

으로 출근 시간을 기다리는 사람도 없지는 않을 것이다. 나 역시도 그런 때가 있다. 아주 가끔이지만.

자, 그럼 출근하고 싶을 때와 정말로 회사에 가기 싫을 때의 차이점은 무엇일까?

내가 처음으로 출근을 하고 싶어 설레기까지 했을 때는 팀장과의 관계가 아주 좋았을 때였다. 그때는 일을 하러 출근하는 것이 아니라 놀러 가는 것 같아서 마음이 아주 편하고 즐거웠다. 이렇게 직장에서 팀원과 팀장의 관계가 차지하는 비중은 매우 크다.

두 번째는 회사에 나의 힐링 메이트가 있을 때다. 언제나 내 편이 되어 주는 내 사람이 있을 때는 회사에 가는 것이 즐겁다.

세 번째는 회사에서 즐거움을 느낄 수 있는 무엇인가를 만들어 보는 것이다. 점심시간을 이용해 휘트니스센터에서 운동을 한다거나 골프를 배우는 것도 좋고, 점심시간에 책을 읽거나 사이버 강의를 듣는 것도 좋다. 편안하게 동료들과 커피 한잔을 마시며 대화를 나누는 것도 즐거운 직장생활의 한 요소가 될 수 있다. 퇴근 후 시원한 생맥주와 골뱅이를 앞에 두고 오랜 친구들을 만나는 월요일이라면 또 어떨까?

월요일 아침에 눈을 떴을 때 출근하고 싶어 미칠 것 같은 직장은 가능할까? 나는 충분히 가능하다고 생각한다. 아침에 일어나 어쩔 수 없이 출근하는 직장이 아니라 내가 주체가 되고 하루하루 새로운 것을 배워가고 즐거움을 찾아 나간다면 행복한 직장 만들기가 충분히 가능하다고 생각한다. 회사가 제도를 통해 만든다기보다는 본인이 즐거울 요소를 발굴하고 하나하나 실천해 갈 때 가능한 것이다. 지나온 시간들을 생각해 보면 일요일 저녁이 되었을 때 월요일 아침 출근할 생각에 가슴이 설레는 그런 직장은 내가 만들어 가는 것이라는 생각이 든다.

일터에서 놀이터로, 이제부터 직장에서 어떤 행복을 찾을 수 있을지 하나씩 챙겨보자. 월요일에 출근하기 싫은 이유만큼이나 출근하고 싶어지는 요소들 또한 분명히 있을 것이다. 우리가 찾아보지 않고, 중요하게 생각해 주지 않기 때문에 그런 요소들이 자라지 못하고 꽃을 피우지 못할 뿐이다. 출근하고 싶어 미칠 만한 이유를 10가지 아니 단 한 가지라도 먼저 찾아보는 것은 어떨까?

힐링으로 시작되는
행복한 직장생활

    회사를 다니며 조직생활을 하다 보면 업무를 비롯해 다양한 일들로 스트레스를 받기 마련이다. 상사나 동료들과의 갈등과 같은 인간관계들로 인해 심한 내상을 입기도 한다. 문제는 회사에서 받는 이런 스트레스를 어떻게 풀어내느냐 하는 것이다.

    행복하고 성공적인 직장생활을 위해서는 이런 스트레스로부터 스스로를 힐링하는 능력이 중요하다. IQ, EQ처럼 힐링지수, 즉 HQ(Healing Quotient)가 높은 사람이 회사에서 성공할 가능성이 높다고도 한다. 이런 사람들은 외부로부터 받는 스트레스를 최대한 신속하게 이겨 내고 업무에 몰입하며, 상사 혹은 동료들과 원만한 관계를 지속할 수 있기 때문이다. 따라서 자기 치유의 시간을 통해 스트레스로부터 벗어나는 자기만의 방법을 지속적으로 개발해야 하는 것은 생각보다 중요한 문제다.

그래서 스트레스를 받았을 때의 응급처방을 위해서는 단 한 사람이라도 마음이 잘 통하는 동료가 필요하다. 그리고 그런 동료와 차 한잔을 나누는 시간 정도는 만들 수 있어야 한다. 동료와 대화를 나누면서 속마음을 시원하게 털어놓는 것만으로도 어느 정도는 스트레스를 털어 낼 수 있다. 또한 제3자로서의 객관적인 입장에서는 약간 다른 시각을 갖고 볼 수도 있기 때문에 감정을 다운시키는 데 도움을 받을 수 있다.

이런 대화를 나눌 수 있는 동료를 결정할 때는 나이 차가 적은 사람, 시니컬한 태도를 취하는 사람보다는 공감 능력이 좋은 사람, 이해심이 깊은 사람이 좋을 것이다. 편안하게 대화를 나누는 것만으로도 격앙된 감정을 한 템포 조절할 수 있게 되고, 대화를 나누는 동안 격앙된 감정이 가라앉게 되고, 일시적이라도 스트레스 상황을 딜리트Delete하는 효과를 볼 수 있다.

화제는 어떤 것이라도 상관없다. 두 사람의 공통 관심사에 대해 이야기를 나눈다면 더 좋겠지만 어쨌든 즐거운 대화를 이어나갈 수 있다면 괜찮다. 단 5분이라도 함께 미소를 짓고 웃을 수 있는 소재로 대화를 나누고 나면 기분이 풀리고 한결 좋아지는 것을 느끼게 된다.

함께 대화를 나눌 동료를 찾지 못했다거나 업무에 바빠 시간적인 여유가 없는 상황일 때는 단 10분만이라도 회사 주변을 산책해보는 것도 괜찮다. 깊이 호흡을 하면서 천천히 걷다 보면 상황을 조금 더 객관적이고, 이성적으로 다시 바라볼 수 있게 되고 스트레스 상황과 자신을 분리할 수 있게 된다.

나는 스스로에게 이렇게 주문을 건다.

"이 또한 지나가리라, 다 잘 될 것이다."

하늘정원이든 옥상이든 올라가 좀 더 넓은 세상을 멀리 내다보며 바람을 좀 쏘이는 것도 기분 전환에 좋은 방법이다. 방법이야 어찌 되었든 평소에 스스로를 힐링할 수 있는 자신만의 응급처방법을 만들어야 한다는 것이 중요하다. 물론 응급처방을 실시했더라도 퇴근을 한 후 혹은 주말에 쉬는 동안에는 하루 또는 한 주 내내 쌓였던 내상을 깨끗이 치료해야 할 방법을 찾아야 한다. 그래야 새롭게 열리는 한 주를 버텨낼 수 있다. 쌓이는 스트레스를 털어 내지 않고 그냥 내버려 두면 어느 순간 크게 폭발하게 된다.

자신만의 휴식 방법을 만들어야 한다. 스트레스를 받는 바쁜 일상에서 벗어나 심신을 휴식시키고, 편안하게 만들어 주는 자신만의 힐링 노하우를 찾아내야 한다. 무엇이든 상관없다. 가족과 함께 시간을 보내는 것도 좋고, 명상을 하거나 운동을 하는 것도 좋고, 짧은 여행을 하거나 영화를 보거나 음악을 듣거나 무엇이든 자신이 행복하다고 느껴지는 것이라면 상관없다.

나는 시원하게 샤워를 하고, 가장 편안한 자세로 보고 싶은 책을 읽을 때 행복하다고 느낀다. 주말에 아내와 둘이서 좋아하는 음식과 함께 시원한 맥주를 마실 때 행복을 느낀다. 직장생활에서 받은 스트레스와 힘겨움을 혼자 끌어안고 끙끙거리는 대신 아내와 대화를 나누면서 털어 내는 것도 괜찮았다.

행복은 멀리 있는 것이 아니라고 앞에서 말했다. 내 주변의 작은 것들에서 하나하나 발견하는 것이라고 말했다. 행복하다고 느끼게 해 주는 아주 작은 것들을 찾을 때마다 나는 주문처럼 이렇게 소리를 내어 말한다. "아, 참 행복하다!"고.

힘든 상황을 이겨 낼 수 있다고, 스스로에게 최면을 걸어 보자.

직장생활의 산소호흡기,
힐링 메이트

　내가 출근하는 일터에 좋아하는 사람이 있다면, 월요병이란 말은 멀리 달아나지 않을까? 실제로 내가 신입사원이던 시절 사내에 좋아 하던 여직원이 있었고, 출근을 한다기보다는 그녀와 데이트를 하러 가는 기분이 들어 행복했었다. 일요일 개그콘서트만 시작되면 출근 생각에 가슴이 답답해진다는 월요병 증상과 같은 것도 전혀 없었다. 바쁘게 돌아가는 일상에서 그녀와 눈인사를 주고받는 것만으로도 스트레스가 다 풀어져 상쾌한 기분이 되곤 했다.

　하지만 이런 관계는 지속되기가 좀 어렵다는 데 문제가 있다. 그래서 오래도록 편안한 관계를 유지하기 위해서는 이성보다 동성이 훨씬 좋은 것 같다. 사내의 이성

동료와 자주 만나게 되면 소문이 흘러 다니게 되고 곧 피차가 불편해지는 상황이 생기기 마련이기 때문이다.

자, 이제 회사 내에 함께 하면 더없이 편안해지는 동성 친구 한 사람쯤은 반드시 만들어 보자. 생각만으로도 기분이 좋아지는 절친 한 사람이 있다면, 그래서 월요일마다 함께 그와 함께 점심을 먹거나 차를 마시거나 즐거운 시간을 보내기로 한다면, 더 이상 월요일이 괴롭지만은 않을 것이다.

지친 일상에서 벗어나 서로의 고민을 털어놓고 들어주는, 마치 자신의 일처럼 함께 고민해 줄 친구는 언제나 소중하다. 그런 친구들이 한 명쯤은 있을 것이다. 그런 친구가 있는 직장이라면 좀 더 행복한 직장생활을 할 수 있을 것이다. 회사는 내가 하루 중에서 가장 많은 시간을 보내는 곳이기 때문이다. 그런 시간과 공간 속에 가족처럼 나를 지지해 주고 응원해 주는 내 편이 있다는 것은 얼마나 든든한 일인가.

내겐 너무나 좋아하는 후배가 한 명 있다. 그는 내가 짊어진 채 끙끙거리는 고민거리들을 들어주고 덜어 주려 애쓰는 친구다. 나 또한 그의 고민거리를 내 일처럼 나누어 들고자 최선을 다한다.

어려움을 서로 나누면 반으로 줄어든다는 말이 있다. 정말 맞는 말이다. 그와 나는 고민거리를 나누는 것 외에도 서로의 관심사를 주제로 많은 대화를 나눈다. 그 친구와 함께 하는 시간은 너무나 행복하다. 잠깐 여유시간이 날 때 커피 한잔을 함께 나누는 것도 좋고, 점심시간을 함께 보내는 것도 좋다. 한없이 편안한 상대와 편안한 시간을 보내는 것이다. 어떤 때는 나의 하루 중에서 그 시간이 가장 행복하다고 느껴진 적도 있었다. 출근하는 것이 괴롭다는 생각보다 즐거워지기 시작했고, 업무로 인한 스트레스가 풀려 즐거운 마음으로 일할 수 있게 되었다.

아침에 출근해서 늦은 시간까지 계속 긴장된 상태로 지내야 한다는 것은 너무나 불행한 일이다. 그런 의미에서 긴장을 완전히 풀고 편안한 마음으로 잠시 차 한잔을 함께 할 친구가 곁에 있다는 것은 행복한 일이다.

물론 회사에서 친구처럼 편안하고 힘이 되어주는 상대를 만든다는 것은 말처럼 쉬운 일이 아니다. 업무적인 만남과 친분 쌓기는 엄연히 다른 것이기 때문이다.

고등학교 시절 새벽부터 늦은 밤까지 오랜 시간 동안

희로애락을 함께했던 친구들은 오랜 시간이 흘러도 좋은 친구로 남는다. 대학 시절에 만났던 친구도 고등학교 시절 친구와 뭔가 좀 다른 느낌이긴 해도 오래도록 관계가 이어지는 경우가 많다.

하지만 회사에 들어가 새로운 친구를 사귄다는 것은 생각보다 어려운 일이다. 같은 업무 공간에서 지내다 보니 누구나 절친 한 사람쯤은 있다고 생각하지만, 회사를 옮기거나 부서를 옮기게 되면 만나는 횟수가 줄다가 인연이 끊기는 것을 쉽게 본다. "조만간 식사 한번 해요." "점심 한 번 먹어요." 이런 대화를 나누지만 현실의 문턱은 높아서 짬을 내는 것이 쉽지 않은 까닭이다.

서로 좋은 친구가 되기 위해서는 나 자신부터 매력이 있는 사람이 되어야 한다. 배울 점이 있다거나, 함께 있으면 재미가 있다거나, 업무적으로 많은 도움을 준다거나 등등 뭔가 하나라도 이점이 있어야 한다. 지속적으로 좋은 정보를 서로 공유하고, 업무 공간을 떠나서도 허심탄회하게 만나 즐거운 시간을 보낼 수 있는 편안한 관계를 지속하다 보면 좋은 친구가 될 수 있을 것이다.

중요한 것은 호감이 가는 사람을 찾기 이전에 나 스스로가 상대에게 호감을 얻을 수 있는 사람이 되고자 노력해야 한다는 점이다. 그렇게 될 때 좋은 친구들이 내 곁에 머물게 되고, 그런 친구들과 함께 하는 직장생활은 한결 즐겁고 행복하게 이어질 것이다. 회사에 머무는 시간이 행복해야 삶 자체가 행복해질 수 있다.

나만의 시간, 나만의 아지트

하루가 시작되어 출근을 하게 되면 팀장과 팀원은 물론, 업무 미팅 등으로 하루 종일 누군가와의 만남이 이어진다. 그리고 그 안에는 좀 편안한 사람도 있고, 긴장을 늦출 수 없는 사람도 있을 것이다. 실제로 직장생활의 어려움은 사람 관계에서 비롯되는 경우가 많다. 결국 이렇게 하루 종일 긴장을 늦출 수 없는 상황이 이어지다 보면 견디는 게 만만치 않다.

직장생활에 지쳐 나가떨어지지 않기 위해서는 잠시라도 긴장에서 벗어나 편안하게 홀로 시간을 보낼 수 있는 장소가 꼭 필요하다.

나만의 아지트는 회사 옥상에 있는 하늘공원이다. 잠시 업무에서 받는 긴장에서 벗어나 여유를 찾고 싶을 때면 단 5분이라도 혼자 하늘공원에 올라가 휴식을 취하곤 한다. 멀리 펼쳐진 도심의 풍경을 바라보며 컴퓨터 화면을 보느라 지친 눈의 피로를 풀기도 하고, 스트레칭을 하며 업무를 보느라 굳은 몸을 풀어 주기도 한다.

5분이란 시간은 아주 짧다. 하지만 업무와 스트레스로 용수철처럼 억눌린 심신을 푸는 데는 충분한 시간일 수도 있다. 하늘을 보며 깊고 길게 들숨과 날숨을 쉬는 것만으로도 억눌렸던 마음의 긴장이 풀어지고, 스스로 마음을 추스르며 다시 달려가기 위한 에너지를 충전할 수 있었다.

업무 효율을 높이기 위해서라도 혼자만의 시간 또한 반드시 필요하다. 회사에서 멀지 않은 곳에 자신만의 공간을 마련해보자. 전경이 탁 트여 멀리 바라볼 수 있는 곳도 좋고, 잠시 조용히 걸을 수 있는 공간도 좋다. 다른 사람과 함께 하는 시간도 좋지만, 때론 혼자 있는 시간과 장소는 자신을 성장시킬 수 있는 좋은 기회를 주기도 한다.

몸과 마음이 지쳐 힘들다는 생각이 들 때, 혼자만의 시간을 가져 보자. 그리고 주문을 걸어 보자. "하쿠나 마타타!" 뮤지컬 '라이언 킹'에 나오는 것처럼, "걱정할게 없어. 다 잘 될 거야"라고 주문을 외우는 것이다. 혼자 산책을 하거나 하늘공원에서 먼 하늘을 바라보며 "다 잘 될 거야. 이 또한 지나갈 테니"라는 각오를 통해 다시 어려움을 해결할 방법을 찾아가는 긍정적인 마인드로 리셋을 하는 것이다.

세상사 모두가 인간이 하는 일이다. 그러니 하지 못할 일이 무엇이 있겠는가? 첫 단추를 잘못 채웠다면, 다시 끼워나가면 된다. 나만의 주문을 통해 나에게 다시 도전할 용기를 채우자. 혼자만의 시간, 혼자만의 공간은 그래서 필요하다.

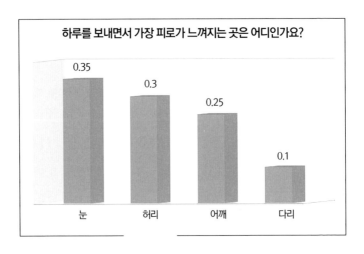

나만의 행복 리스트

어떻게 살아야 행복할까? 누구나 가지고 있는 고민이자 관심사일 것이다. 흔히 사회적인 성공이나 경제적인 여유를 행복의 조건으로 생각하기 쉽다. 필요조건일 수는 있지만 충분조건은 아닌 것 같다. 나보다 연봉이 두 배라고 해서 두 배만큼 더 행복하다고 생각하기도 어렵다. 게다가 가만히 관찰해보면 나보다 더 많은 연봉을 받는다고 해서 나보다 훨씬 높은 생활수준을 누리는 것처럼 보이지도 않는다. 그저 조금 더 여유 있게 돈을 쓸 수 있는 정도에 불과하다.

지금 누릴 수 있는 행복을 사다리 위에 도달할 때까지 유예해서는 안 된다는 생각이 든다. 돈이 없으면 불행해질 수 있지만 돈이 많다고 해서 행복해지는 것 또한 아니라는 불편한 진실 속에서, 우리는 재테크와 행복테크 사이에서 적절히 균형을 잡으며 현명한 줄타기를 해야만한다.

행복해지기 위해서는 무엇이 필요할까? 거창한 무엇인가는 아닌 것 같다. 앞에서도 잠깐 이야기를 했던 것처럼 사람마다 행복을 느끼는 가치가 다르고, 또한 제각각의 힘으로 찾아내야 하는 것이기 때문이다.

여러분은 무엇에서 행복을 느끼는가? 나는 종종 나만의 행복 리스트를 작성해보곤 한다. 그렇게 해봄으로써 내가 행복해질 수 있는 길을 좀 더 구체적으로 탐색해볼 수 있기 때문이다. 물론 아래에서 볼 수 있는 것처럼 대단한 것들은 아니다. 여러분들 또한 나름대로 정리해볼 수 있을 것이다.

1. 미드를 보면서 런링머신 달리기(헬스하기)
2. 노래방에서 열창하기
3. 토요일에 낮잠 자기
4. 와인 마시기
5. 영어 대사로 된 영화 보기
6. 일찍 잠자리에 들기 (밤 11시쯤)

7. 스쿠버 다이빙 하기

8. 아침에 일어나 가장 먼저 체중 재기(목표 달성시)

9. 사랑하는 사람과 맛집에서 맛있는 음식 먹기

10. 인적 드문 커피숍에서 커피 마시기

위에 적은 리스트를 보면서, 누군가는 고개를 갸웃거릴 수도 있겠지만 적어도 나는 그렇게 느낀다. 나는 행복 리스트를 작성하면서 어려워야 할 이유가 없다고 생각한다. 아주 사소한 것에서부터 시작하면 된다고 생각한다. 내가 무엇을 할 때 만족스러웠고 행복한지를 깨닫고 지속적으로 새로운 행복 요소를 찾아 나가면 그뿐이다. 이렇게 행복할 일들이 많으니 얼마나 나는 행복한 사람인가.

자기만의 행복 리스트를 작성해보자. 그리고 행복을 위해 투자를 아끼지 말자. 돈이 아까워서 하고 싶은 것을 참았다가 후회하지 말고, 하고 싶은 것을 하면서 멋지게 삶을 꾸려가는 것은 어떨까?

나는 후배들에게 가끔 재테크만큼이나 자신의 행복을 위한 행복테크에도 투자해야 한다고 권한다. 행복도 재테크처럼 투자를 해야만 불어나는 것이라고 생각하기 때문이다.

　나는 내게 상을 주고 싶어지는 날이면 마음이 잘 통하는 친구와 와인을 마시곤 한다. 행복은 바로 이런 거라고 생각하면서.

슬럼프로부터의 탈출

시즌 초반에 맹활약을 하던 야구선수가 갑자기 슬럼프에 빠져 헤어나오지 못하는 경우를 드물지 않게 볼 수 있다. 그럴 때면 무너진 밸런스를 다시 찾기 위해 다양한 시도를 하면서 다시 감각을 찾아가는데, 직장인에게도 운동선수와 마찬가지로 슬럼프가 존재한다. 이상하게 업무가 꼬이고 상사나 동료들과의 관계도 꼬일 때가 있는 것이다.

이런 슬럼프가 지속될 때는 환경을 바꿔 보는 게 좋다. 아침 일찍 출근해 자신의 자리 주변의 먼지를 한번 닦아 보라. 생각보다 주변에 많은 먼지들이 쌓여 있다는 것을 깨닫게 될 것이다. 노트북과 전화 위에 쌓인 먼지를 닦아내며 마음속의 찌꺼기도 닦아낸다. 힘들었던 것,

아팠던 것들 또한 먼지와 함께 닦아내는 나만의 의식, 때론 이런 사소한 의식들이 필요할 때가 있다.

서랍장에 넣어두고 버리지 못하던 것들도 과감하게 버려 보자. 다시 사용할 일도 없는데 버리지 못해 그냥 가지고 있었던 소품들이 꽤나 많이 있을 것이다. 그런 것들을 털어버리면서 후련한 마음을 느껴 보는 것이다. 지저분한 서랍장도 정리하고, 책상의 물품들을 사용하기 편하게 다시 배치하는 것도 좋다. 또 기분 전환을 위해 키보드나 마우스를 바꿔 보는 것은 어떨까? 그리고 이참에 바탕화면 사진도 새로운 것으로 다시 한번 바꿔 보는 것이다. 기분이 한결 나아질 것이다. 꽃집에 들러 노트북 전자파를 방지해 줄 화분을 하나 사서 주변에 놓아 보고, 하루하루 물도 주면서 나로 인해 자라나는 식물을 보면서 시간의 흐름도 다시 한번 느껴 보도록 한다.

자주 사용하던 펜도 새로운 것으로 한번 바꾸어 보자. 자리를 바꿀 수는 없지만, 새로운 부서로 발령을 받았다고 생각하고 초심으로 돌아가 보자. 신입사원으로 처음 회사에 입사했을 때를 떠올려 보자. 낯익은 사람이라곤 단 한 명도 없는 곳에서 한 사람 한 사람 얼굴을 익혀가며 이 자리까지 왔을 것이다.

그동안 쌓였던 마음의 모든 찌꺼기를 털어 내고 새
로운 마음으로 다시 업무를 시작한다는 생각으로 다시
업무에 전념을 한다면 슬럼프에서 빠져나올 수 있지
않을까?

게으름이여, 이젠 안녕

피곤한 몸을 일으켜 아침에 일찍 일어나는 일은 누구에게나 쉽지 않다. 하지만 일찍 출근해 부지런한 이미지를 쌓아가는 사람이 있는가 하면, 출근 시간에 겨우 맞춰서 억지로 출근하는 느낌을 주는 사람도 있다.

무엇이 이들의 차이를 만들었을까? 마음가짐이라는 작은 차이에서 출발한다.

임 차장은 남들보다 한 시간 일찍 출근해서 조용할 때 주요 업무를 시작하는 습관을 몸에 익혔다. 할 일도 많고, 자신이 맡은 업무를 보다 잘 해 내기 위해서는 일찍 출근할 수밖에 없다고 생각한다. 이런 임 차장을 보면서 동료나 윗사람들은 어떻게 생각할까? 아마도 성실하고, 책임감이 강한 사람으로 보게 될 것이다.

주 대리는 업무시간에 최선을 다하는 것이 중요하다고 생각하는 스타일이다. 일찍 출근하고, 야근을 하는 것보다는 주어진 업무시간에 최선을 다해 업무를 처리하는 것이 베스트라고 생각한다. 그래서 주 대리는 항상 9시 정시에 출근한다.

하지만 상사나 동료들이 볼 때는 다르다. 회사에 대한 로열티나 열정이 있는 사람으로 보이지 않는다. 즉 개인주의적인 성향이 강한 사람으로 비쳐지는 것이다.

성실하고 책임감 있는 모범사원은 어떤 모습일까? 우선 출근시간을 조금 앞당기는 것부터 시작해보는 것이 좋을 것 같다. 출근시간에 맞춰 겨우겨우 출근하기보다 평소보다 30분쯤 일찍 출근해서 여유를 가지고 업무를 시작해보는 것이다. 그리고 30분 일찍 출근하는 게 몸에 붙으면 다시 30분을 더 앞당겨 출근하도록 한다.

남보다 한 시간 일찍 출근하면 개인의 이미지에 좋은 영향을 끼치게 되는 것은 당연하다. 물론 몸에 배어 있는 습관이 있으니 처음에는 당연히 어려울 것이다. 하지만 개선할 여지가 있는 습관은 바꾸기 위한 노력을 해야 한다. 그것이 차이를 만든다.

습관을 고치기 위한 노력의 시작은 간단하다. 몰라서

하지 않는 사람은 없다. 단, 실천을 하는 사람과 그렇지 않은 사람이 있을 뿐이다. 결심했다면, 30분 일찍 알람을 맞춰놓고 딱 3일만 해본다는 생각으로 시작해보자. 3일이면 좋은 습관은 조금씩 자리를 잡기 시작한다. 4일째부터는 조금씩 익숙해지는 자신을 만날 수 있을 것이다.

완전히 몸에 습관으로 붙기 전에는 주말이라고 해서도 긴장을 늦춰서는 안 된다. 평일과 비슷한 라이프 사이클을 유지하는 것이 아주 중요하다. 출근을 하지 않는다고 해서 평소보다 늦게 잠자리에 드는 습관도 고쳐야 한다. 주말이라고 늦게 자고 늦잠을 자게 되면 주중에 만들었던 라이프 사이클이 완전히 깨지는 결과를 가져온다.

한 시간 일찍 출근하는 첫 번째 목표를 이루었다면, 또 다른 혁신할 여지가 있는 습관을 찾아 도전한다. 예를 들면 퇴근한 후에 아무 생각 없이 텔레비전을 바라보는 대신 책을 읽는 시간을 늘리는 것이 그렇다.

요즘 TV는 아주 자극적인 프로그램들이 많다. 한번 TV를 켜서 보기 시작하면 좀처럼 멈추기가 어렵다. TV를 통해 좋은 정보를 얻는 이익도 있기는 하지만 문제는 한번 보기 시작하면 별 재미가 없는 프로그램까지도 생각 없이 계속해서 쳐다보며 앉아 있게 된다는 것이다. 스트레스 해소라는 핑계로 그냥 웃고 떠드는 프로그램을 아무 생각 없이 바라보고 있다면, 성공적인 직장인으로 자신을 만들어 줄 시간을 낭비하고 있는 것이다.

자투리 시간들이 모여서 큰 시간이 된다. 내게 지금 가장 필요한 공부는 무엇일까? 허투루 버려지는 이런 시간을 잘 활용해보자. 이런 작은 하루들이 쌓여서 한층 성장한 자신을 만날 수 있을 것이다. TV를 끄는 것 한 가지로 나 자신뿐 아니라 가족 전체의 생활 패턴을 바람직하게 바꿀 수도 있다. 당연히 가족 간의 대화도 늘어나고, 자신은 물론 아이들이 공부를 하거나 책을 읽는 분위기를 만드는 데도 아주 효과적이다.

TV를 보는 대신 다른 자기계발 시간을 갖는 게 쉽지는 않다. 하지만 애연가가 금연을 하는 것만큼이나 힘든 일도 아니다. 처음에는 좀 허전한 마음을 느끼겠지만 곧 익숙해진다. 그리고 집에서 머무는 시간의 밀도가 아주 짙어진다.

게으름을 버리고, 성실하고 부지런하게 새롭게 태어난 자신을 만들기 위해 한 시간 일찍 출근하는 것과 TV를 끊는 예시에 대해 이야기를 해보았다.

이외에도 사람마다 자신이 지니고 싶은 좋은 습관들은 사람들의 숫자만큼이나 다양할 것이다. 이제부터라도 좋은 습관을 만들기 위한 노력을 하나씩 실천해보자. 운동을 하는 것도 좋고, 새로운 취미를 시도해보는 것도 좋다. 처음부터 한꺼번에 커다란 변화를 주려고 하기보다는 조금씩 바꿔간다면 충분히 부지런한 나로 다시 태어날 수 있다.

출근하는 직장인들의 얼굴에도 활력이 넘치는 사람과 그렇지 않은 사람의 차이는 극명하다.

상처는 아문다

내 생각이지만 아마도 사랑하는 사람으로부터 이별 통보를 한 번쯤 받아보지 않은 사람은 드물지 않을까 싶다. 잠들지 못하는 밤을 수없이 보내는 동안 가슴이 찢어지듯 아팠을 것이다. 하지만 그런 시간이 지나가고 감정이 정리되면 또 다른 사랑이 찾아온다.

이별의 상처는 아물기 마련이다. 다만 시간의 정도 차이가 있을 뿐이다. 내 경우에는 3개월이 고비였던 것 같다. 3개월만 지나면 내가 언제 그랬냐는 듯이 이별로 인한 고통도 사라졌다. 가끔 그때를 떠올리면 다시 마음이 아프기도 했지만 금방 일상으로 돌아갈 수 있었다.

직장인들은 끊임없이 상처를 받으며 살아가는 존재다. 그것이 직장인들이 안고 가야 하는 숙명이다. 상사로부터 혹은 동료로부터 상처를 받고 소주병을 자빠뜨렸던 적은 또 얼마나 많았던가.

작은 것에 상처를 받고 아파할 필요가 없다. "어차피 며칠 지나고 나면 잊혀진다"는 생각으로 넘기는 게 정신 건강에도 좋다. 때로는 기분이 많이 상하더라도 그냥 툭툭 털어 낼 수 있는 여유가 필요하다.

상사는 좋은 성과를 내기 위해 싫은 소리를 할 수밖에 없다. 긴장감을 심어 줘 더 뛰도록 만들기 위해서다. 사람에 따라 정도의 차이는 있겠지만 이해할 필요가 있다. 더 좋은 성과를 위해 이러는구나, 하고 적당한 프레셔 ^Pressure 만 받으면 되는 것이다.

그런 상처를 받았을 때는 여러 사람과 그 상황을 리마인드하기보다는 가장 편안한 사람과 차분하게 대화를 나누는 것이 더 좋다. 차를 한잔 마시면서 객관적인 시선으로 보는 입장을 들어보는 것이 좋다. 그리고 다시 자리에 앉았을 때는 아무 일도 없던 것처럼 다시 일상으로 돌아가는 것이다.

만약 그래도 풀리지 않는다면 그날은 일찍 잠자리에 들어 보는 것은 어떨까. 자고 나면 마법처럼 상처가 깨끗이 치유되는 경험을 많이 해보았을 것이다. 그런 상황을 잊기 위해 과음을 한다면 다음날도 숙취로 인해 힘들고 한 주가 힘들게 지나간다.

그럴 땐 자기치유 시스템을 자연스럽게 가동하도록 한다. 한편으로, 자연치유 시스템이 영글지 않은 신입사원과 같은 여린 후배가 아파하고 있다면 선배로서 따뜻한 대화를 시도해 보는 것도 좋은 역할이 아닐까 싶다.

세상의 모든 상처는 아물기 마련이다. 작은 일에 아파하지 말고 그냥 시간의 흐름에 그 사건을 내버려 두도록 하자. 자꾸 떠올려 곱씹는 대신 그저, 그냥 내버려 두도록 한다.

'Let it be.'

225

건강을 챙기는 것도 투자

우리 회사에는 직원들이 건강을 유지할 수 있도록 헬스클럽이 설치돼 있다. 매우 좋다. 업무시간에는 물론 이용할 수 없지만 점심시간이나 일과를 마친 뒤에 시간을 내서 운동을 할 수 있었다.

나는 점심시간이 되면 헬스클럽을 이용한다. 30분 정도를 런닝머신 위에서 달리고, 10여 분 동안 웨이트와 윗몸 일으키기를 한다. 하루 24시간 중 40분은 내 건강을 위해 투자를 해야 한다고 생각하고 실행하고 있다.

시간이 없어서 운동을 하기가 어렵다고 말하는 직장인들이 많다. 하지만 바쁜 일상에서라도 짬을 내 운동하는 시간만큼은 꼭 만들어야 한다는 게 내 생각이다. 남들보다 조금 일찍 하는 것도 좋고, 남들보다 조금 늦게 하는 것도 좋다.

회사에 운동을 할 수 있는 공간이 없다면 회사 주변에서 운동할 수 있는 공간을 만들어 찾아보는 것도 방법이다. 운동을 꼭 헬스장에서만 하는 것도 아니다. 점심식사를 마친 뒤, 운동화로 갈아 신고 회사 주변을 걷는 사람들도 많이 늘어나고 있는 추세다. 정장에 운동화? 모양새는 별로인 것 같지만 건강만은 좋아질 수밖에 없다. 운동은 육체적 건강에도 좋지만 정신적 스트레스 해소에도 너무나 좋다.

2년 정도 자전거에 빠져 살았던 적이 있었다. 퇴근을 하고 늦은 시간에 한강에서 자전거를 타곤 했는데, 밤에 보는 한강은 낮에 볼 때보다 열 배는 아름다운 것 같다. 자전거를 타는 순간이 가장 행복한 시간 중 하나였다. 시원한 바람을 맞으며, 아름다운 한강 둔치를 달리노라면 그보다 더 행복할 수가 없었다.

요즘은 한강에서 자전거를 타는 인구가 많이 늘어났다. 낮에는 사람이 너무 많아서 사고의 위험도 도사리고 있지만 밤에는 낮에 비해 사람도 적고, 조용해서 하루를 반성하는 시간을 갖는 것으로도 좋았다. 달리는 것보다는 먼 거리를 이동할 수 있기 때문에 성취감도 높다. 항상 앉아서 일하는 직업이라면 하체를 튼튼히 하기에 자전거타기만한 운동도 없는 것 같다. 배가 나온 직장인들이 자전거를 타면 복부비만 예방에도 좋을 듯싶다.

어쨌든 본인에게 맞고 좋아하는 자기만의 운동법을 만들어 본다는 게 중요하다. 자전거도 좋고, 수영도 좋고, 등산도 좋다. 그것을 하는 순간 내가 가장 행복하다고 느낄 수 있는 것이면 무엇이라도 상관없다. 배우자와 함께 할 수 있는 것이라면 더욱 좋을 것이다. 함께 할 때 더욱 즐거운 것이니. 본인에게 맞는 속도로 30분만 달려보자. 천국이 따로 없다.

직장생활을 하면서 규칙적으로 운동을 하는 것은 쉽지 않다. 내 주변에서도 살을 빼기 위해 적극적으로 노력하는 사람은 많지 않다.

나는 먹는 것을 아주 좋아한다. 맛있는 것을 먹으면서 행복하다고 느낄 때도 많다. 그래서인지 입사한 이후로 10년 동안 매년 조금씩 몸무게가 늘고 있다. 중간 중간 체중을 5킬로그램 정도 뺀 적도 있으나 몇 개월 지나면 원래 대로 돌아간다. 먹는 행복은 포기할 수가 없어 대부분은 운동을 통한 다이어트였다.

몇 개월 동안 지속적으로 운동을 하면 체중은 빠지게

마련이다. 문제는 다이어트를 한 후 유지하기가 어렵다. 비슷한 습관으로 다시 돌아가기 때문에 요요현상이 일어나는 것이다.

작년 여름 나는 신입사원 무렵의 체중으로 다이어트를 하겠다는 목표를 세웠다. 직장생활 10년 동안 10킬로그램이 늘었으니 10킬로그램을 빼겠다는 목표이다. 기한은 명확하게 정하지 않았다. 한 달에 1~2킬로그램씩 꾸준히 줄이자는 생각이었다.

단시간에 굶어가며 빼는 것은 좋지 않다고 생각한다. 요요현상을 피하기 힘들다. 직장인은 회식도 해야 하고, 가끔 동료들과 삼삼오오 모여서 술도 한잔씩 해야 한다. 친구들도 가끔은 한 번씩 만나야 좋은 관계가 지속된다.

이러다 보니 직장인들의 다이어트는 갈수록 어렵다. 하지만 모든 사람들이 뚱뚱한 것은 아니다. 자기관리를 잘 하는 사람도 있고, 조금 못 하는 사람도 있는 것이다.

사람들을 만나 가끔은 맛있는 것도 먹어야 인생이 즐거워진다. 다만 다음날은 반드시 운동을 해주어야 한다. 그리고 평소보다는 조금 덜 먹어야 하는 것이다.

이때의 다이어트를 통해 배운 것은 이것이었다. "먹어라. 그리고 다음 며칠은 조절을 좀 해라." 즉 운동과 섭

취량 줄이기, 이것이 가장 중요한 공식이라는 생각이 들었다. 회사를 다니면서 살을 빼는 건 힘들다고 불평하는 대신 조금씩만 생활습관을 고치면 누구나 멋진 체형과 건강을 지킬 수가 있다고 생각한다.

예전에 〈불편한 진실〉이라는 개그콘서트 코너에서 엘리베이터의 남자와 여자가 다른 행동 유형을 보여주는 콩트를 했던 적이 있다. 엘리베이터가 움직이는 동안 여자는 대부분 핸드폰을 보는 반면 남자는 여자의 몸을 스캔한다는 것이다.

아마도 많은 남자들은 뚱뚱한 여자보다는 날씬한 여자가 훨씬 보기 좋다고 생각할 것이다. 여자들도 남자들을 똑같은 시선으로 바라보지 않을까 생각한다. 여자들에게, 혹은 남자들에게 매력적인 사람이 되고 싶은가, 아니면 관심 없는 사람이 되고 싶은가? 대답은 뻔하다. 더 이상 변명하고 핑계를 대는 대신 지금부터 다이어트를 시작해보는 것은 어떨까?

굶은 채 땀을 뻘뻘 흘려가며 운동을 해서 살을 빼려고만 하지 말자. 먹고 싶은 것을 먹는 행복한 다이어트 방법을 자기 나름대로 개발하자. 단순하게 살을 빼기 위해서 먹고 싶은 걸 억지로 참는 것은 자신을 행복하게 하는 방법과는 배치된다.

나는 하루 세 끼를 반드시 먹는다. 특히 아침은 반드시 챙겨 먹는다. 하지만 간식은 가능한 피하고, 저녁은 7시 이전에 먹는다. 야식을 최대한 피하지만 사람을 만나거나 친구와 술을 한잔 할 때는 당당하게 먹는다. 다음 날 조금 덜 먹고, 운동을 조금 더 하면 된다고 생각한다.

계속해서 참아가면서 힘들게 하는 다이어트는 오래 지속할 수가 없다. 머지않아 같은 행동 방식으로 돌아가기 때문이다. 먹을 것 먹고, 즐기면서 내 건강을 위해 조금만 조절하면 매력남이 될 수 있다. 즐기면서 편안하게 내 생활 패턴을 조금만 바꾸면 그게 다이어트인 것이다. 날씬한 사람들은 일부러 노력하지 않아도 그런 생활 패턴을 갖고 있기 때문에 날씬한 것이다.

휴식도 기술이더라

하루하루 반복되는 일상에서 재미를 찾는다는 것은 참으로 어려운 일에 속한다. 매일 매일 같은 시간에 같은 곳으로 출근을 하는데 즐거울 수가 있겠는가? 그러니 적당한 시점에 휴식이 필요한 것이다.

한국 사회에서 직장인들이 일주일 이상 휴가를 낼 수 있는 것은 여름휴가뿐이다. 일 년에 한 번 여름휴가를 통해 삶의 속도를 한 템포 늦추고 자신의 위치를 돌아보는 기회를 갖는데, 나는 매년 여름휴가를 받으면 외국으로 여행을 떠나는 걸 내게 주는 상으로 생각을 했다. 가보지 않았던 곳에 가보고, 새로운 음식을 맛보고, 새로운 사람들과 소통하며 서로의 문화를 경험하는 것, 지금 생각해도 가슴이 설레는 일이다.

나는 아직도 공항버스를 타고 인천공항으로 갈 때 제일 가슴이 설렌다. 이 맛에 여행을 가는 것이라고 생각한다. 당연히 여행을 마치고 올 때는 아쉬움이 남지만 다시 내년을 기약하며 집으로 돌아오곤 한다.

나는 해양 스포츠를 무척 좋아한다. 스노우쿨링도 즐겁고, 스쿠버다이빙도 재미있다. 그냥 물에서 노는 것만으로도 행복함을 느낀다. 이런 휴식을 통해 재충전을 해서 다시 한 해를 버티며 사는 것이다.

여름휴가가 아니더라도 일상 속에서 자신만의 휴식 방법을 만들어야 한다. 기계도 감가상각이 있다. 더구나 사람은 기계가 아니다. 인간이 어떻게 항상 달릴 수만 있겠는가. 자신만의 휴식 방법을 찾아 그것을 하면서 나의 지난 시간을 돌아보고 개선점을 찾아 나가야 한다. 휴식은 더 멀리 가기 위한 충전의 시간이다. 힘들고 지쳤다면 하루쯤 월차를 내고 혼자만의 시간을 가져 보는 것도 좋을 것이다. 혼자 뭔가를 한다는 것은 처음엔 좀 부끄럽고 쑥스럽게 느낄 수 있지만 익숙해지면 그보다 더 편하고 좋은 것도 없다.

휴식은 한 걸음 멈춤이 아니라 더 빨리 뛰기 위한 준비의 시간이다. 너무나 바빠서 쉴 틈이 없다고 생각하지 말자. 그 일상에서 작은 쉼의 시간을 만들어 보자. 직장인의 즐거움은 멀리 있는 것이 아니다. 작은 것에서 즐거움을 찾아 그것에서 행복을 느끼는 것이다.

네이버의 한 자료에서는 한국인이 생각하는 중산층과 프랑스인이 생각하는 중산층의 비교에 대해 찾아볼 수 있다. 한국인은 중산층의 조건으로 대출이 끼지 않은 30평 이상의 아파트, 월 소득 500만 원 이상, 중형자동차 소유, 은행잔고 1억 원 이상, 그리고 해마다 한 번 정도는 해외여행을 할 수 있는 사람들이다.

반면 프랑스인이 생각하는 중산층은 외국어 1개 이상을 구사하고, 한 가지 이상의 악기를 다루고, 스포츠를 즐기며, 자신만의 요리를 직접 만들 줄 알아야 한다. 거기에 어려운 사람을 돕고 기부를 해야만 중산층이라고 생각한다.

위에서 본 중산층의 조건을 보자면, 여러 가지 면에서 두 나라 사람들이 가지고 있는 가치관의 차이를 발견할 수 있지만 요약하자면 한국인들이 경제적인 면에 초점을 맞추고 있는 데 반해 프랑스인들은 삶의 질과 더불어 사는 삶에 가치를 두고 있다는 점이다.

두 나라 사람들의 삶에 대한 태도를 보면서 어떻게 하면 행복한 삶을 살 수 있을지 생각해보자. 프랑스인들이 들었던 조건처럼 자신이 좋아하는 취미 한 가지를 갖는 것도 하나의 방편이다.

직장인들은 아침 9시에 출근해 6시에 퇴근하는, 비슷한 사이클로 하루 일과를 보낸다. 물론 거기서 거기일 것 같은 속에서도 다양한 패턴은 존재한다. 즉 어떤 이는 7시에 출근하고, 어떤 사람은 9시에 퇴근하는 식이다. 동일한 점이 있다면 직장생활을 하면서 취미를 즐기는 건 매우 힘들다고 생각하는 것이다.

그럼 우리는 단지 돈을 벌기 위해서만 살아가고 있는 것일까? 회사에 출근하는 것은 단지 가족을 부양하기 위해, 먹고살기 위해서만 하는 일일까? 생각해 보면 씁쓸한 일이다. 회사에 출근해 일을 하는 것에서도 즐거움과 보람을 찾을 수 있고, 업무를 떠나면 취미를 통해 활력을 회복할 수 있는 것이다. 그러기 위해서는 내가 무엇을 할 때 가장 행복한지를 먼저 알아야 한다.

보통 습관적으로 하는 일상의 일에서 행복을 찾기는 어렵다. 일상적인 일에서 벗어나는 것들에서 재미를 느끼고 행복을 느낄 수 있는 것이다. 운동도 좋고, 악기를 배우는 것도 좋다. 하지만 거기에서 찾았던 행복도 그것이 일상화 되면 거기에서 얻은 행복도 사라진다. 그때는 다시 새로운 것을 찾아야 한다.

대부분의 직장인들은 새로운 것을 찾으려 하지 않는다. 앉아서 뭐 재미있는 것은 없을까, 하고 고민만 하기 때문이다. 그러니 무료하고 심심한 일상이 이어진다. 행복해지고 싶다면, 행복한 직장생활을 위해서는 지속적으로 행복할 거리를 찾아야 한다.

최근에 나는 스쿠버다이빙에서 새로운 행복 요소를 찾았다. 물속에서 물고기와 함께 헤엄치고, 화려한 산호늘의 군락에서 거닐 때 무척 행복하다. 깊은 물속에서 수면으로부터 비쳐 들어오는 햇빛을 볼 때 너무나 행복하다. 지난해 여름에 필리핀에서 친구의 권유로 다이빙 오픈워터 자격증을 취득하면서 나의 행복을 위한 새로운 요소를 발견한 것이다.

얼마 전에는 다이빙을 하기 위해 사이판에 다녀왔다. 에메랄드빛 바다를 헤엄치면서 희귀종인 이글레이^(매 가오리)를 감상했고, 거북이를 쫓으며 너무나 행복한 시간을 보냈다. 아침 일찍 일어나 매번 다른 다이빙 포인트를 찾아 들어갈 때마다 가슴이 설렌다. 포인트마다 다른 매력으로 나를 감동시키기 때문이다.

이처럼 새로운 행복 요소를 찾아서 내가 쉴 곳을 찾아야 업무에 더 집중할 수 있다.

예전에는 자전거를 탈 때 가장 행복했었다. 은은한 가로등 불빛을 따라 한강 야경을 감상하며 달릴 때 너무나 행복했었다. 그런 행복이 3년이 지나자 서서히 줄기 시작했다. 그때 다시 만난 것이 다이빙이다. 만약 그때 새로운 행복 요소를 찾지 못했다면 지금 나의 인생은 너무나 재미없었을 것이다.

요즘 내 또래들 중에는 골프에 빠진 사람을 많이 본다. 그들은 주말이면 새벽 4시에 일어나 골프채를 짊어지고 골프장으로 향한다. 그들에겐 그 순간이 가장 행복하기 때문이다. 새벽 4시에 출근하라고 한다면 입이 한 발쯤 나왔겠지만 그들은 너무나 행복한 표정으로 아침에 눈을 뜨는 것이다.

행복해지고 싶은가? 그럼 나에게 맞는, 나를 행복하게 해주는 취미를 먼저 만들자.

도서관에서 보내는 휴일

주변을 둘러보면 의외로 가까운 곳에 도서관이 많다. 지금도 고등학교 시절 주말에 친구들과 함께 시립도서관에서 공부를 하던 추억이 떠오른다. 그때는 대부분의 도서관이 남녀 열람실이 분리되어 있던 시절이었는데, 부산 중구에 있는 중앙도서관은 남녀가 열람실을 함께 사용했다. 당연히 남중, 남고를 다니던 내게 그 도서관은 여학생들과 공부할 수 있는 최고의 공간, 추억의 공간이 되었다.

여학생들이 함께 공부할 수 있었던 그 도서관은 장점이 아주 많았다. 여학생들의 시선을 의식하다 보니 공부하다가 졸지 않아 평소에 비해 학습시간이 두 배는 늘어나는 효과가 있다. 중앙도서관은 산꼭대기에 있어서 다른 도서관보다 오가는 데 시간이 많이 걸리기는 했지만 오가는 동안 볼 수 있는 전망은 정말 아름다웠다. 버스를 타고 올라갈 때는 부산 시내와 바다가 한눈에 들어왔고, 밤에 집으로 갈 때 보이는 야경은 그야말로 눈이 부셨다. 힘겨웠던 고등학교 시절을 함께 했던 친구들과의 추억이 서려 있는 도서관, 그래서인지 도서관은 지금도 아련한 추억의 장소로 다가온다.

주말에 시간을 내 책 몇 권을 들고 집에서 가까운 남산도서관에 가본 적이 있다. 여름이 가고 서서히 가을이 다가오고 있었다. 녹음이 짙던 숲은 품고 있던 붉고 노란 색깔들을 내비치기 시작하고 있었고, 아름다운 숲으로 둘러싸인 도서관은 아름다웠다. 남산은 산책을 하기 좋은 걷기 코스들이 즐비한데, 점심식사를 하고 산책길 그늘에 앉아 함께 간 친구와 이야기를 나눴던 순간들도 또 하나의 추억으로 오래 기억이 될 것 같다.

도서관 내에도 좋은 시설과 프로그램이 생각했던 것보다 많았다. 한쪽에 마련된 초보 화가들의 작품 전시회가 항시 운영되고 있으며, 정기적으로 영화도 상영하고 있다. 노트북을 가져가서 사용할 수 있는 열람실도 있고, 수많은 장서들은 2주일 정도 대출이 가능하다. 외근

을 많이 다니는 영업사원들은 중간에 처리해야 할 업무를 커피숍이 아닌 도서관에서 처리하는 것도 좋을 것 같다는 생각이 들었다.

쫓기듯 달리는 일상에서 벗어나 느긋한 마음으로 도서관을 방문해 책도 보고 주변 산책도 하면서 소소한 행복을 찾아보는 건 어떨까? 가족과 함께 방문하는 것도 참 좋을 것 같다. 아이들에게는 책 읽는 습관을 길러주고, 아내와는 집에서보다 더 많은 대화를 나눌 수 있어서 좋다. 도전하는 꿈을 가진 젊은이들을 보면서 나도 다시 한번 새로운 꿈을 준비해 보는 기회로 삼을 수도 있을 것이다.

도서관에는 자신의 꿈을 이루기 위해 도전하는 수많은 사람들이 있다. 그들의 눈을 보라. 초롱초롱 빛난다. 하루하루 준비하고 도전하고자 하는 마음으로 이글이글 타오른다. 우리 모두에게도 그런 시절이 있었다. 꿈을 향해 도전하던 시절, 이젠 꿈이 없다고 체념하지 말고, 작은 꿈을 향한 도전을 시작해보자.

본인이 원하는 분야의 전문가로 거듭나는 것도 좋다. 그러기 위해 항상 공부하고 배우고자 하는 마음을 가지면 되는 것이다. 나만의 전문 분야를 한 가지씩 만들어 보자.

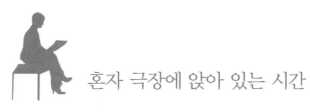

혼자 극장에 앉아 있는 시간

나는 가끔 혼자서 영화를 보러 가곤 한다. 영화는 친구나 연인과 함께 가서 보는 경우가 많기 때문에 혼자 극장에 가면 다른 사람의 시선을 의식하게 되고 이상하게 초라해지는 듯한 느낌을 받을 수 있다.

하지만 그것도 우리가 버려야 할 선입관이다. 그런 편견 하나만 버리면 세상이 한결 편해진다. 당당하게 티켓 한 장을 사고, 음료를 사고, 입장하는 것이다. 상영관에 불이 꺼지면 나를 쳐다보는 사람은 아무도 없다.

내가 즐겨 보는 것은 영어권 영화다. 영화도 보면서 영어 공부도 되니 일석이조다. 영어회화 학원에 다녀도 선생님이 2시간 동안 나와 함께 떠들어 줄 수는 없다. 설령 좋은 외국인 친구가 있다고 하더라도 불가능할 것이다. 하지만 영화는 2시간 동안 계속해서 나에게 멋진 발음으로 대사를 들려준다. 영어 공부를 하기에 이렇게 좋은 공간은 없는 것 같다.

영화를 좋아하는 두 번째 이유는 마치 여행을 다녀온 것 같은 느낌을 주기 때문이다. TV에서 볼 때는 그런 느낌이 잘 들지 않는다. 영화관에 가서 몰입을 해서 봐야만 그런 느낌을 받는다. 2시간 동안 마치 내가 주인공이나 된 것처럼 일상을 잊고 그 세상 속에서 살다가 나오는 것이다. 그리고 영화가 끝나 일상으로 돌아오면 마치 여행을 다녀온 것 같은 행복감을 느낄 수 있다. 특히, 나는 많은 나라의 풍경과 문화를 보여주는 영화를 좋아한다. 영화를 통해 인도, 러시아, 유럽, 미국 등 많은 나라들을 여행할 수 있으니 얼마나 좋은가.

그렇다고 우리 영화를 잘 보지 않는 것도 아니다. 우리 영화는 정서가 잘 맞아서 좋다. 보고 나면 아주 편안하다. 쉽게 영화가 전달하고자 하는 메시지를 받아들이고 공감하게 된다. 놓치고 지나갈 수 있는 트렌드를 알려주니 좋고, 일상에선 보기 어려운 아름다운 여성들을 볼 수 있으니 더없이 좋지 않은가.

내가 좋아하는 배우는 손예진이다. 비록 화면 속에서

지만 그녀를 보고 있으면 너무나 행복하다. 어쩜 사람이 저렇게 예쁠 수가 있을까? 외국 여배우에게서는 그런 느낌을 그다지 받지 못 한다.

무엇보다 혼자 영화를 볼 때 좋은 것은 자신의 감정에 충실할 수 있기 때문이다. 슬프면 눈물도 흘리고, 웃기는 장면에서는 깔깔거리며 웃을 수 있다. 남자는 눈물을 보여서는 안 된다는 한국인의 정서로 인해 다른 사람과, 특히 여자와 함께 영화를 볼 때면 억지로라도 눈물을 참아야 한다. 영화를 통해 오는 행복감이 줄어드는 느낌이다. 물론 좋은 영화를 친구와 함께 보는 것은 무엇보다 행복한 일이지만 가끔씩은 혼자서 영화를 보는 것도 좋다는 뜻이다. 가끔씩은 혼자만의 시간이 필요하기 때문이다.

오래전 어떤 지인은 이렇게 말했다. 사람은 가끔 혼자 술을 마시고, 혼자 여행하는 시간을 가질 필요가 있다고. 혼자 영화관에 가는 것도 그렇다.

노천카페에서 마시는 차 한잔

가끔 혼자 차를 마시는 시간이 좋다. 그렇다고 커피 마니아는 아니다. 일주일에 마시는 커피라고 해야 한두 잔에 불과할 정도이다. 대부분은 허브티를 비롯한 다양한 향을 가진 차를 마시지만 가끔은 커피 향을 맡으며 행복을 느끼는 때도 있긴 하다.

가끔은 노천카페에 앉아 차를 마시는 시간을 가져 보는 것은 어떨까? 한가로운 휴일 낮 시간에 사람들이 많이 오가는 곳이라면 더욱 좋다. 삼청동 나들이를 한번 해보는 것도 좋을 것이다. 삼청동은 예쁜 노천카페가 즐비한 곳이다. 실로 낭만이 물처럼 흘러 다니는 곳이라서인지 요즘에는 정말 많은 사람들이 찾는다.

따뜻한 차 한잔, 혹은 시원한 맥주 한잔과 함께 마음

치유의 시간을 가져 보자. 따뜻한 햇살을 맞으며, 향기로운 차를 마시며 자신과 대화를 나누어 보는 시간은 행복하다. 사랑하는 사람이 옆에 있다면 더욱 행복하겠지만 혼자만의 시간도 소중하다.

노천카페가 주는 것은 햇살만이 아니다. 지나가는 사람들을 좀 더 가까운 곳에서 바라보는 일은 흥미롭다. 지나다니는 사람들을 가만히 앉아 바라보는 건 제법 재미가 있는 일이다. 그들의 다양한 표정과 그들의 패션을 가만히 들여다 보자. 이곳저곳 돌아다니며 사진을 찍으면서 행복을 느끼는 사람, 손을 잡고 여유롭게 산책을 즐기는 연인, 유모차를 밀며 햇살을 즐기는 젊은 부부… 행복한 사람들을 보며 그들이 퍼트리는 행복에 전염되고, 손을 잡고 서로를 바라보는 연인들을 보며 사랑의 감정을 다시 끄집어 올릴 수도 있다. 행복한 표정으로, 행복을 나누는 사람들을 보면서 나도 행복해진다. 그들이 갖고 있는 행복 바이러스가 나를 전염시키는 것이다.

자, 이제 주말에 소파에 껌처럼 붙어 TV를 보면서 시간을 보내는 대신 가까운 공원이든 카페든 나가 보자. 좀 더 따뜻하고 행복한 시간, 의미 있는 주말을 보낼 수 있을 것이라고 확신한다.

아름다운 여성을 보는 행복

여성은 꽃보다 아름답다. 자신을 잘 가꾼 여성을 보면 나도 모르게 행복을 느낀다. 정말 감사한 존재가 아닌가.

뮤지컬 위키드Wicked를 보고 여성들의 위대함에 대해 다시 한번 느꼈다. 한강진 블루 스퀘어에서 열린 호주팀의 내한공연이었다. 무대를 누비며 열연하는 배우들의 모습에 아낌없는 찬사를 보낼 수밖에 없었던 공연. 그 공연을 보면서 출연자들이 얼마나 많은 연습을 했을지, 주인공은 물론 단역 배우들까지 얼마나 오래 이 무대를 준비했을지 생각하면서 벅차도록 감동스러웠다.

하지만 무엇보다 그 무대를 지켜보는 나를 행복하게 해 준 존재들은 여배우들이었다. 두 명의 여주인공 초록 마녀 엘파바와 금발미녀 글린다는 단연 빛나는 존재였다. "다른 눈으로 보면…" 뮤지컬 위키드의 대사처럼 서로 다른 두 여배우의 아름다움이 환하게 빛을 발했다. 그러니까 이 말은 단순한 외적인 아름다움뿐 아니라 내면으로부터 우러나는 아름다움까지 아우른 표현이다. 라이브를 의심할 정도로 아름다운 보이스로 무대를 장악하는 두 여배우의 열정은 아름다움, 그리고 감동 그 자체였다.

또 다른 볼거리는 남자 배우들과 여자 배우들이 한데 어우러져 한편의 아름다움을 만들어 내는 조화로움이다. 남녀의 조화가 얼마나 아름다운 것인지를 깨닫게 되었다. 어느 한쪽이 우월하고 열등한 것이 아닌, 조화롭게 융합할 때 더욱 빛이 난다는 것이다. 하나의 무대에서 땀을 흘리며 함께 노래하고 춤을 추는 모습이야 말로는 제대로 표현할 수 없는 아름다움의 극치라는 생각이 들었다.

정확하게 기억하고 있는지는 확신할 수 없지만 종반부에는 이런 대사가 나온다.

"지금의 나는, 너를 만나고 너와 함께 함으로 인해 많이 변하고 또 성장했지. 지금의 내가 여기 있는 것은 너라는 존재가 함께 하기 때문이야. 너와 함께 한 시간은

나에게 너무나 소중한 것이었고, 앞으로의 나의 모습에
뿌리가 될 소중한 일부. 나는 영원히 너와의 만남을 추
억하며 살아갈 거야."

가장 아름다운 여성의 모습은 모성에서 찾을 수 있다.
아기에게 젖을 물린 엄마의 모습은 무엇보다 아름답고
평화로운 풍경일 것이다.

하지만 아이를 키우는 여동생을 보면서 육아가 얼마
나 어려운 일인지 새삼 느끼곤 한다. 게다가 아이를 키
우며 일을 병행하는 것은 너무나 어려운 일이다. 능력
있는 여성들이 육아와 함께 열심히 일할 수 있는 제도적
장치가 마련되어야 할 것이고, 그래서 남성들은 그녀들
을 똑 같은 사회구성원으로 존중하고 지원을 아끼지 말
아야 한다. 아름다운 여성들이 동료로서 함께 오래 일할
수 있는 여건을 만드는 것은 남성들의 몫이다. 남편으로
서, 직장동료로서, 상사로서, 그리고 정부 관료들에 이르
기까지 모두 힘을 합쳐 이 고질적인 문제를 해결할 방안
을 마련해야 하는 것이다.

한편, 여직원이 많은 부서에서 일하는 사람은 여직원
을 쳐다보는 시선을 조심해야 한다. 남자는 본능적으로

여자를 보면 시선이 돌아간다. 별다른 감정이 없어도 반사적으로 그렇게 된다.

후배와 실험을 해본 적이 있다. 내가 여직원과 눈이 마주친 상황에서 그 여성의 다른 신체 부위를 쳐다볼 때 나의 시선의 이동이 보이는가 하는 것이다. 실험 결과 한눈에 보이더라고 했다. 상대가 모를 것이라는 생각은 오판이다. 무의식적으로라도 여성의 특정한 신체부위에 시선을 두는 것은 상대로 하여금 불쾌감을 줄 수 있다는 걸 명심해야 한다. 순간적으로 훑고 지나가는 남성의 시선에 불쾌감을 느꼈다는 여성들이 매우 많았다. 각별히 시선 처리에 주의하자. 아름다운 존재, 여성들을 존중하는 마음을 갖도록 하자.

로또보다 꽃

로또를 사는 직장 동료들을 보는 일은 드물지 않다. 대부분은 '꽝'으로 끝나겠지만 만 원으로 기대감을 갖고 일주일을 보낼 수 있으니 나쁘지 않다고 생각하는 사람들이 많다. 이해는 간다.

하지만 솔직히 돈 낭비, 에너지 낭비라고 생각한다. 일주일에 만 원, 복권을 살 돈을 다른 데 쓴다면 어떻게 될까? 가령 사랑하는 아내를 위해 꽃을 사서 들고 간다면? 복권을 살 때보다는 부부 사이가 훨씬 좋아질 것이다. 또 한 주일 동안 고생한 아내를 위해 케이크를 선물하면 그녀는 얼마나 행복해 할까?

거의 확실하게 꽝이 될 복권을 사는 데는 전혀 아까워 하지 않으면서 가족을 위해서는 인색한 사람이 되지 말

자. 지금부터라도 일주일에 한 번, 만 원짜리 한 장으로 내 가족들을 위해 할 수 있는 것들을 찾아보자. 생각보다 많은 것들이 있을 것이다.

낭만의 시절을 위하여

고등학교 동창 중에 시를 잘 쓰는 친구가 있었다. 그 나이 무렵은 감성이 풍부할 시기이므로 그럴 수도 있겠다 싶지만, 어쨌든 그는 자신의 감정을 아름다운 표현으로 한 편의 시로 써서 보여주곤 했다.

나 역시 그 친구를 따라 몇 편의 시를 써보곤 했다. 내가 하고 싶은 말을 아름다운 시어로 표현해서 써 두면 두고두고 추억이 된다. 지금도 가끔 고등학교 시절에 썼던 습작들을 보며 그 시절을 회상하곤 한다.

직장생활을 시작한 이후로 시로부터 꽤 멀어진 채로 살아왔다. 그러다 결혼할 무렵 아내에게 어떻게 프러포즈를 할까 고민을 하다가 시를 한 편 써서 선물하기로 하고 다시 한번 펜을 들었던 기억이 난다.

내가 생각하는 시는 운율과 같은 형식에 구애를 받지 않고 자신이 느낀 대로 쓰는 걸 말한다. 자기가 하고 싶은 말을 그냥 써도 좋고 좀 더 아름다운 언어로 바꾸어도 좋다. 당시의 감성을 담아 느끼는 대로 표현하면 되는 것이다. 이것들을 모아 놓으면 하나의 작은 행복 요소가 될 것이라 생각한다. 가끔 나의 감성을 사랑하는 이를 위해 선물하는 것도 그 또한 그에게 행복의 작은 요소로 자리하게 될 것이다.

남산 도서관에서 느꼈던 감성을 부끄러운 수준이지만 나만의 방식으로 표현해 보았다.

후회

딱 한잔만, 외치며 들어선 삼겹살집
하나 둘
빈 소주병은 쌓이고
그래도 아쉬운 마음에
맥주로 입가심을 하기로 하네.
호기롭게 파도가 한번 일어나 휩쓸어 지나고
연이어 쓸어 가면
후회는 언제나 늦는다네.

머릿속에는 벌들이 살고
뱃속에서 말들이 뛰노는데
해야 할 일들은 산더미.

아, 한 달만 쉴 수 있다면?

한 달 동안의 휴가! 생각만 해도 짜릿하다. 모든 직장인의 꿈인 장기 휴가, 방학이 있는 교사의 인기가 높아지는 이유 중 하나가 아닐까 싶다. 사실 교사도 방학 중에 이수해야 하는 연수(교육)가 많아 그 시간을 온전히 누리지는 못한다. 연수를 받기 전 일주일, 연수를 받은 후 일주일 정도가 고작일 것이다.

한국계 회사 대부분은 여름휴가 일주일이 가장 길게 쉴 수 있는 휴가이다. 간혹 설날이나 추석에 5일 전후의 연휴가 있지만 명절은 쉬는 것만이 아니다. 그러니 직장인으로서 한 달 휴가는 그야말로 꿈이 아닐 수 없다.

그러나 막상 한 달을 휴가로 받는다면 내가 하고 싶었던 것들을 전부 해볼 수 있을까?

자신이 주말을 어떻게 보내고 있는지 한번 생각해보자. 하루가 정말 화살처럼 지나간다고 느낄 것이다. 평소보다 조금 늦잠을 자고 일어나 늦은 아침을 먹고 나면 금방 오후가 된다. 그리고 주중에 미뤄뒀던 집안일을 아내와 나눠서 마치는 동안 오후 시간도 훌쩍 지나간다. 어느덧 평소의 퇴근시간이다. 별다른 일을 하지도 못하고 그냥 하루가 녹아 버린다.

'운동을 좀 해야지.' '가족과 맛집에 가서 외식을 해야지.' …

평소에 할 수 있는 일도 자주 주말로 미루곤 한다. 하지만 막상 주말이 되면 어떻게 시간이 가버렸는지 알 수 없는 지경이다. 평소에 하고 싶은 것이 있다면 주말로 미루는 대신 일과시간 이후에라도 시간을 쪼개 시도를 할 일이다. 그저 꿈에 불과한 '한 달짜리 휴가를 받으면'이라는 단서를 달아 뒤로 미루지 말아야 한다.

나에게 내일이 있을지 없을지는 아무도 알 수 없는 일이다. 내게 있을지 없을지 알 수 없는 불확실한 미래의 행복을 위해 무작정 현재의 행복을 희생하는 것은 어리석은 선택이 될지도 모를 일이다.

10년 근속에 대한 포상으로 2주간 휴가를 받았었다. 직장생활을 시작한 지 10년 동안 2주를 오롯이 쉬는 것은 처음이었다. 그 2주 동안 무엇을 할까, 고민을 했다. 10년만에 받은 근속휴가를 어떻게 해야 의미 있게 쓸 수 있을지 많은 생각들이 떠올랐다. 결국 그동안 틈틈이 쓰고 있던 원고를 마무리하는 데 시간을 쓰자고 마음을 먹었다.

하지만 실제로 2주는 눈 깜짝할 사이에 지나가 버렸다. 일을 하면서 짬을 내 쓰던 것에 비해 성과는 크지 않았다. 시간적인 여유가 생기니 오히려 느슨한 마음이 들어 속도가 나지 않았고 낭비되는 시간이 많았다.

평소 일과시간 동안 하지 못했던 일은 시간적인 여유가 생긴다고 해도 큰 차이가 나지 않는다. 일상의 시간 동안 하고 싶은 것, 해야 할 것들을 효율적인 시간관리를 통해 하는 것이 가장 의미 있는 것이다.

새벽 시간을 활용해 평소보다 1~2시간 일찍 일어나서 하고 싶은 것을 해볼 수도 있고, 퇴근한 후 일정 시간을 정해놓고 새로운 것을 배우는 시간을 가질 수도 있다.

시간이 없어서 못 한다, 나중에 시간적 여유가 생기면 하겠다는 말은 그저 변명에 불과하다. 주말을 활용하든지, 아니면 일과시간 이후에라도 무언가를 하기에는 충분한 시간이 존재한다. 다만 그것을 명심하고 의미 있게 보내고자 노력을 기울이는 각성이 필요할 뿐이다.

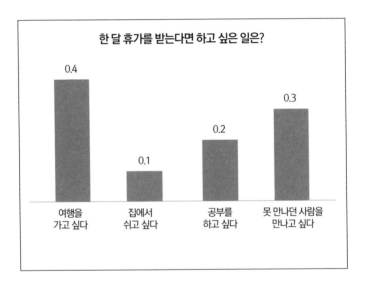

뭐, 재미있는 것은 없을까?

"잘 지내지? 뭐 재미있는 일 좀 없어?"

자주 하는 인사말 중 하나일 것이다. 아마도 반복되는 일상에서 벗어나, 보다 자극적인 무엇인가를 꿈꾸기 때문은 아닐까? 지금 현재의 삶이 재미없다고 생각하기에 자신도 모르게 튀어 나오는 말은 아닐까?

일상이 지루하다며 자극적인 것들을 욕망하다가 위기에 빠진 몇몇 지인들을 보았다. 순간의 쾌락을 좇다가 자기 인생 내내 씻어도 지워내지 못할 정도의 얼룩을 만들고, 그래서 그 얼룩을 지우고자 100배의 에너지를 쓰고 있는 사람들이다.

그들은 말했다. 처음에는 일상에서 벗어난 그런 자극적인 경험들이 너무나 재미있고 좋았지만 곧 다시 지루해지고 더 자극적인 것들을 찾게 되더라고. 강렬한 자극도 반복되면 그저 그런 일상이 되고, 그러니 더 강한 자극을 찾게 되는 것이다.

돈, 지위, 권력 등의 추구로 행복을 찾는 것도 비슷하다. 그 이상을 추구하지만 그 자리에 올라서도 행복하지 못한 것은 마찬가지다. 사람은 늘 자신이 가지고 있지 못한 것들을 열망하는 존재이기 때문이다. 그래서 억대 연봉을 받는 사람을 부러워하고, 자기도 그런 연봉을 받는다면 얼마나 행복할까, 하고 생각한다. 물론 억대 연봉을 받는 사람도 그다지 다르지는 않다. 그는 자기보다 더 높은 사다리 위에 도달해 있는 사람들을 바라보면서 자신 또한 그 자리에 오르는 순간을 꿈꾸며, 행복을 유예한다. 파랑새처럼 영원한 행복은 없다.

"재미있는 일 없어?"라고 묻는 것은 지금의 일상이 재미없다는 고백과 마찬가지다. 이렇게 삶이 지루하고 재미없다고 느낄 때 우리가 찾아야 할 것은 자극적인 일탈일까?

아니다. 우리가 찾아야 할 재미는 바로 일상 속에 있다. 나는 내가 살아왔던 시간, 삶을 돌아보며 이렇게 글을 쓸 때 가장 행복하다. 직장생활을 하면서 쓰곤 하는 일상의 일기와도 같은 한 구절이 누군가 내가 지나왔던 길을 따라오는 후배들에게 이정표로서 도움을 줄 수 있으면 얼마나 행복할까, 싶어 컴퓨터 자판을 두드리고 있는 시간이 너무나도 행복해지는 것이다.

이 뿐이랴. 마음이 통하는 동료와 농담 한마디 건네는 것에서도 행복은 찾을 수 있고, 노천카페에 앉아 혼자 차 한잔을 마시면서 행복할 수 있고, 업무시간에 잠깐 여유를 부려 하늘공원에서 햇살 한줌을 받으면서도 행복할 수 있다. 주말에 아름다운 교외의 한적한 길을 드라이브하며 행복을 느끼고, 땀을 흘리며 운동하는 30분의 시간에서도 행복을 느낀다.

이런 일상의 조각들 속에서, 혹은 좋아하는 취미를 통해서 행복을 얻고자 노력한다면, "뭐 재미있는 게 없을까?"하는 생각 대신 "나는 요즘 이런 걸 할 때 가장 행복하다"하는 생각으로 바뀌게 될 것이라고 믿는다.

좀 더 지고한 행복을 느껴보고 싶다면, 작더라도 봉사하는 삶으로의 전환도 훌륭할 것이다. 언젠가 배우 차인표 씨가 봉사활동을 하는 모습을 방송을 통해 본 적이 있었다. 오지의 쓰레기더미와 함께 사는 아이들을 학교로 보내면서 희망을 심어주는 이야기였다. 아무런 희망도 가질 수 없는 아이들에게 교육을 통해 희망을 심어주고 더 많은 사람들에게 희망을 나누는 모습은 눈물이 나도록 감동이었다. 2명의 아이를 입양해서 키우고 있고, 다른 나라의 많은 아이들을 후원하고 있는 그는 "힘들고 어려운 이들을 위해 같이 울어주는 것만으로도 그들에게 힘이 될 수 있다"고 말했다. 또한 그런 봉사와 사랑을 실천하면서 무엇보다 행복을 느낀다고도 했다. 봉사를 하는 이유가 자신이 행복해지기 위해서만은 아니겠지만 남들과 다른 곳에서 행복을 느끼고 그런 행복이 다른 이들에게 또 다른 행복을 선사한다는 건 정말 멋진 일이 아닐 수 없다.

그들의 모습을 보고 그동안 어려운 사람들을 위해 작은 지갑조차 열지 않았던 나 역시 작은 기부를 실천하기로 했다. 내가 보태는 한 달 3만 원이라는 돈은 크지 않다. 하지만 내 작은 기부가 그들 가족들이 한 달 동안 살아갈 수 있는 양식이 된다는 생각을 하자 좀 더 현실감이 들었고, 가슴이 따듯해졌다.

우리가 행복해지는 일은 소소한 일상에서부터 누군가를 돕는 일에 이르기까지 어느 곳에서나 찾을 수 있다. 우리는 그저 발견하기 만하면 되는 것이다.

행복한 사람이 된다는 것이 어려운 것만은 아니다. 다람쥐 쳇바퀴 돌듯 하루를 사는 것이 아니라, 내 주변 작은 것에서부터 행복을 찾아나가면 되는 것이므로.

내 주변에는 행복할 요소가 충분하며, 나를 도와줄 사람들로 가득하다. 누가 먼저 손을 내밀기를 기다리기보다는 내가 먼저 소주 한잔 하자고 말을 건넨다면 바로 그곳에서부터가 출발이다.

혼자서 짊어지고 끙끙 앓고 있는 어려움, 고민도 가까운 동료와 함께 이야기를 나누며 풀어 가다 보면 의외로 쉽게 풀리는 경우가 많다. 낭비할 만큼 인생은 넉넉지 않다. 행복해지기 위해서라면 지금 당장 시작해야 한다. 그렇게 적극적으로 행복을 찾는 긍정적인 마음가짐으로 하루 중 가장 긴 시간을 보내는 직장생활을 받아들인다면, 조직에서 사랑받는 구성원이 되는 나만의 노하우를 하나씩 쌓아 나간다면, 매일 매일 진화하는 자신을 발견하게 될 것이다.

이 글을 읽은 모든 분들이 매일 아침 억지로 출근을 하는 대신 마치 사랑하는 사람을 만나러 가는 것처럼 행복해지기를 기원한다.

268 · 굿바이 블루먼데이

직장인의 오춘기 마음을 리셋하라

굿바이, 블루먼데이

지은이 한종형

사 진 윤종현

발행일 2016년 3월 4일

펴낸이 양근모

발행처 도서출판 청년정신 ◆ **등록** 1997년 12월 26일 제 10—1531호

주 소 경기도 파주시 문발로 115 세종출판벤처타운 408호

전 화 031)955—4923 ◆ **팩스** 031)955—4928

이메일 pricker@empas.com